Rosa Queiroz
04.07.2001

Há um Anjo ao seu Lado

ENCONTROS COM ANJOS NO DIA-A-DIA

Kelsey Tyler

Há um Anjo ao seu Lado

ENCONTROS COM ANJOS NO DIA-A-DIA

Tradução
SÍLVIO NEVES FERREIRA

Editora Pensamento
São Paulo

Título do original:
There's an Angel on Your Shoulder
Angel Encounters in Everyday Life

Edição	Ano
1-2-3-4-5-6-7-8-9	97-98-99-00

Impresso em nossas oficinas gráficas.

Este livro é dedicado
à família dos crentes cristãos
em todo o mundo,
principalmente àqueles que
verdadeiramente me ajudaram
no meu caminho para a fé.

E a nosso Salvador e Senhor
Jesus Cristo.

Que eu seja encorajada diariamente
por Suas mãos que orientam,
de maneira misteriosa,
quem sabe através de
Seus anjos.

Agradecimentos

Este livro não teria sido possível sem o grande número de pessoas que contribuíram com narrativas para a sua elaboração. Desejo agradecer a cada uma delas, e assegurar-lhes que um dos meus objetivos é divulgar as suas histórias. Agradeço a Maria Amato por haver mudado de residência para dedicar-se a cuidar de meus filhos durante aquele tempo de intenso trabalho. Você é a maior, Moe!

Sou grata ao meu marido por incentivar-me a transformar meus sonhos em realidade, e aos meus filhos por me mostrarem um pedacinho do céu a cada dia. Agradeço também aos meus pais, que continuam a ser a minha principal fonte de inspiração, e às minhas eternas amigas — Susan Kane, Pat Winning, Jo Ann e Amber — que ouviram a leitura deste livro, antes de ser enviado para publicação, e acreditaram, como eu, que foi possível cada um desses encontros com um anjo. Asseguro-lhes que sinto muito a falta de todas vocês!

Observação ao Leitor

Não são todos os anjos espíritos servidores enviados ao serviço dos que devem herdar a salvação?

Hebreus 1:14

Há alguns anos, tomei conhecimento, pela primeira vez, de um encontro com um anjo. Eu havia me convertido à religião cristã recentemente e freqüentava um acampamento em Angeles Crest, nos arredores de Los Angeles, quando ouvi o instrutor Chris Smith contar uma história impressionante. Durante os meses seguintes, contei a história várias vezes a outras pessoas, sempre impressionada com os detalhes.

Então, comecei a ficar curiosa. Seria possível que Deus usasse seus anjos para ajudar aqueles que acreditam nEle? A partir daí comecei a ouvir outras histórias semelhantes, e passei a organizar uma coletânea de encontros com anjos para que aqueles que tiveram essas experiências pudessem saber que não estavam sozinhos; e para que aqueles que ainda não foram confortados pela maravilhosa presença de Deus à sua volta viessem a considerar com mais atenção a próxima vez em que um estranho os socorresse em alguma estrada deserta.

Para reunir essa coletânea, tive o privilégio de conversar com a maioria das pessoas cujos encontros estão descritos neste livro. Em alguns casos, as pessoas envolvidas solicitaram que fossem citadas por pseudônimos, a fim de preservar sua privacidade, e isso foi feito. Nas poucas ocasiões em que não foi possível entrar em contato com as pessoas envolvidas, os detalhes foram fornecidos por alguém que ouviu a história diretamente dessas pessoas e acreditava serem elas honestas e totalmente dignas de crédito. Nesses casos, os nomes são fictícios e não têm o propósito de designar nenhuma pessoa viva.

Não é, entretanto, a intenção deste livro provar a veracidade desses encontros com anjos. Em vez disso, eles foram descritos para seu deleite, para que você os avalie e descubra a sua importância.

Rezo para que você, leitor, extraia dessas histórias uma convicção mais profunda da sua fé pessoal e um alento por saber que Deus está perto de você. Às vezes, muito mais perto do que jamais se possa imaginar.

Prefácio

Não vos esqueçais da hospitalidade, porque graças a ela alguns, sem saber, acolheram anjos.

Hebreus 13:2

Por que a humanidade é fascinada por anjos? Canções celebram a sua presença, filmes alardeiam a sua existência, e através dos tempos as pessoas vêm fazendo investigações a respeito da possibilidade de eles existirem. Quando acreditamos nas escrituras — como milhões de pessoas em todos os tempos —, devemos, em algum momento, chegar à questão dos anjos. Se esses mensageiros celestiais de Deus apareceram a pessoas comuns nos tempos bíblicos, por que não iriam aparecer, hoje em dia, àquelas que crêem na sua existência?

A Ciência, apesar de todo o seu conhecimento tecnológico, jamais provou a existência dos anjos. Talvez o mais próximo que chegaremos sobre conhecer a verdade acerca dos anjos seja partilhando os fascinantes e inexplicáveis encontros que outras pessoas tiveram com eles. Durante um certo tempo, os encontros com anjos eram descritos como visões de seres alados, na maioria das vezes cobertos por mantos brancos ou vestimentas etéreas. Porém, nos dias de hoje, as histórias dessas aparições tornaram-se mais detalhadas: os anjos têm a aparência de seres humanos e suas tarefas são mais imediatas. Esses encontros geralmente têm em comum pessoas misteriosas que executam um salvamento ou transmitem uma mensagem, e então, desaparecem de repente sem nenhuma explicação. Em geral, quem tem esse tipo de experiência vai procurar a pessoa que a ajudou, apenas para descobrir que ela jamais existiu.

Por exemplo, certa vez uma senhora estava num hospital, chorando e orando, sentada ao lado do marido, doente em estado terminal, e só se sentiu aliviada quando um enfermeiro entrou no quarto e se ofereceu para sentar-se ao lado dela. Durante mais de uma hora ele a confortou, assegurando-lhe que seu marido iria se sentir muito bem no lugar para onde iria. Na manhã seguinte, depois que o marido faleceu, ela procurou o enfermeiro para agradecer o conforto que ele lhe dera naquelas horas finais.

— Senhora — disseram-lhe na secretaria do hospital —, não temos nenhum enfermeiro na equipe.

As páginas seguintes contêm uma coletânea desses encontros com anjos de aparência humana, relatados minuciosamente com toda a exatidão possível. Algumas das histórias transformaram-se em folclore dos tempos modernos, contadas vezes sem conta em todo o mundo. Muitos dos seus pormenores não podem ser confirmados; só acreditamos neles porque foram transmitidos de uma pessoa para outra.

Outros casos, no entanto, estão totalmente documentados, completos, com hora, data, nomes e testemunhas. Há uma notável semelhança entre essas histórias e as que não podem ser documentadas. Somos levados a pensar se o estranho que desapareceu sem explicação era, de fato, um anjo.

ENCONTRO Nº 1

Milagre na Montanha

Chris Smith já havia passado de carro por aquela estrada centenas de vezes. Durante os últimos sete anos ele fora administrador em tempo integral do Acampamento Cristão de Angeles Crest, um isolado aglomerado de cabanas situado a 2.200 metros acima do nível do mar, nos arredores de Los Angeles. A sinuosa e perigosa estrada fazia parte da vida que ele e sua família haviam escolhido.

Desde que ele assumira o emprego e se mudaram para a casa no alto da montanha, Chris, com 28 anos, e sua esposa, Michele, tinham visto a família crescer. O filho mais velho, Keagan, estava agora com quase cinco anos, e Kailey, com três. Michele estava grávida há cinco meses do seu terceiro filho. Chris e Michele acalentavam a idéia de criar uma grande família em sua cabana na montanha, e não podiam ser mais felizes.

Chris, loiro de olhos azuis, com a boa aparência de um surfista bronzeado, não estava arrependido de ter optado por esse modo de vida solitário para sua família. Em vista dos crimes e da falta de tranqüilidade de uma cidade superpopulosa, sua pequena cabana na montanha lhe parecia perfeita. Ele gostava de sentir a emoção de ver os ônibus superlotados de pessoas irritadas que chegavam ao campo todas as semanas e partiam alguns dias mais tarde, renovadas em sua fé e em suas atitudes. Quando o trabalho acabava e Chris voltava à cabana, ele e Michele levavam as crianças para longos passeios em que exploravam a região inculta nos arredores da casa. Era uma vida gratificante, aquela que ele e sua família desfrutavam.

Na tarde quente de verão de 10 de agosto de 1991, depois de organizar os detalhes da chegada do próximo grupo ao acampamento, Chris caminhou por entre os altos pinheiros em direção à sua cabana, perto da entrada principal.

O rosto de Michele iluminou-se quando ele abriu a porta e entrou na sala. Ele sorriu para ela, maravilhado por ela parecer mais bonita a cada dia.

— Terminou? — perguntou ela, no momento em que ele a abraçava.

— Por enquanto. Logo mais, à noite, chegará um grupo para acampar.

Eram duas e meia da tarde e ainda faltavam muitas horas até que a escuridão encobrisse a montanha. Durante algum tempo, Chris e Michele permaneceram abraçados, desfrutando o silêncio e a proximidade mútua. Porém, subitamente, uma porta abriu-se nos fundos da casa e seus dois filhos entraram correndo na sala principal.

— Papai! Papai! — As duas crianças gritaram alegremente, correndo em direção a Chris e atirando-se em seus braços. — Vamos brincar, papai, vamos! Vamos jogar bola!

Chris sorriu; Keagan e Kailey eram a alegria da sua vida. As duas crianças loiras eram risonhas e cheias de energia e nada as divertia mais do que passar horas rolando pelo chão com o pai. Chris mal podia esperar até que o novo bebê viesse juntar-se a eles nesse ritual de brincadeiras à tarde.

Durante trinta minutos, Chris brincou com os filhos, rindo e fazendo-lhes cócegas até que, por fim, ficaram estendidos no chão, exaustos. Michele retornou dos fundos da cabana, onde estivera ocupada na cozinha, e entrou na sala, cantarolando para si mesma.

— A que horas você vai à cidade? — perguntou ela. Chris levantou-se agilmente e afastou com a mão uma mecha de cabelos que lhe caía na testa.

— Dentro de cinco minutos — disse com um largo sorriso. Michele sorriu consigo mesma. Jamais deixava de admirá-lo por ele ser tão atraente, por levar a vida sempre com um sorriso.

— Acho que desta vez vou levar Kailey comigo.

Michele concordou. — Está bem — disse ela, sorrindo para sua filhinha.

Todas as semanas, Chris descia de carro pela sinuosa estrada que margeava a montanha para comprar mantimentos e outras provisões. Geralmente levava Keagan consigo, para que os dois pudessem passar algumas horas diferentes juntos. Mas agora que Kailey estava com mais idade, Chris achava que era hora de levá-la algumas vezes.

Michele agachou-se e olhou nos olhos da filha.

— Kailey, seja uma boa menina para o papai, ouviu? — A menina assentiu com a cabeça e Michele ergueu os olhos para Chris.

— E você, tenha cuidado, certo?

— Sempre.

A estrada de pista dupla praticamente encravada nas encostas da montanha, era margeada por íngremes escarpas de algumas dezenas de metros de profundidade. Como uma montanha-russa ela subia e descia a montanha, não dando ao motorista muita margem para cometer erros. Todos os anos ocorriam vários acidentes fatais ao longo dos quarenta quilômetros de estrada que iam do vale até o acampamento. Os Smith haviam conhecido pessoas que haviam morrido quando seus carros saíram da estrada e rolaram pelo despenhadeiro. Até uma pessoa como Chris, que conhecia cada curva e cada reta da estrada como se ela lhe pertencesse, facilmente poderia passar uma hora em total concentração enquanto dirigia até o armazém mais próximo, no sopé da montanha.

Chris sorriu e passou seu braço musculoso em torno dos ombros de Michele.

— Tenho de comprar algumas tábuas para o acampamento, e vou parar no armazém — disse ele, repassando mentalmente as coisas de que necessitavam.

— Você precisa de mais alguma coisa?

Michele balançou a cabeça:

— Acho que não. Fiquei com as crianças o dia todo. Você é tudo de que eu preciso neste momento.

Chris sorriu mais uma vez, curvando-se para beijar suavemente a esposa.

— Não se preocupe. Estarei de volta mais cedo do que você imagina. Vamos, Kailey, vamos embora — disse ele caminhando em direção à garotinha.

Kailey, tão bonita quanto a mãe, mas com um encanto todo seu, assentiu com seriedade e então abriu um sorriso contagiante enquanto corria para o lado do pai.

— Eu te amo, mamãe — disse ela com sua voz infantil, ficando na ponta dos pés para beijar a mãe. Dentro de poucos meses ela faria quatro anos e estava crescendo bastante.

Michele abraçou a filha. — Eu também te amo, querida.

Depois voltou-se para Chris. — Dirija com cuidado — disse novamente. Era algo que ela sempre dizia, uma advertência que nunca era demais repetir.

— Sempre — disse ele piscando para ela e apontando em direção ao céu.

Anos antes eles haviam começado a usar esse gesto como um meio de lembrar um ao outro a sua crença de que as orações iriam mantê-los em segurança nas mãos de Deus. Michele repetiu o gesto e sorriu.

— Até logo — disse Chris, segurando a mão de Kailey enquanto caminhavam na direção da nova caminhonete Ford Ranger estacionada lá fora.

O dia estava lindo; suaves raios de sol filtravam-se através dos pinheiros, e o céu de um azul-claro cristalino brilhava lá no alto.

Chris cantarolava para si mesmo enquanto afivelava Kailey na sua cadeirinha portátil, verificando se ela estava firmemente presa no banco traseiro do veículo. Beijou o nariz da menina e afagou-lhe o cabelo antes de tomar o assento do motorista.

Aproximadamente três horas mais tarde, tinham comprado seus suprimentos e faziam o caminho de volta, subindo a montanha, quando Chris começou a sentir as tábuas se deslocando na traseira da caminhonete. Ele diminuiu a marcha o suficiente para evitar que a carga tombasse. A madeira estava bem amarrada, mas se a carga tombasse, as cordas não teriam nenhuma utilidade e as tábuas cairiam na estrada. Quase ao mesmo tempo, ele chegou a uma parte bastante movimentada da estrada que servia de atalho para os que trafegavam por ali diariamente. Chris sabia que, se as tábuas caíssem, poderiam provocar um perigoso acidente, e orou em silêncio para que a carga que estava levando se mantivesse no lugar.

Muitas pessoas moravam na isolada comunidade de Palmdale, mas trabalhavam na planície de Los Angeles. Em condições normais, essa viagem durava mais de uma hora num tráfego intenso, mas podia-se economizar cerca de vinte minutos tomando-se um atalho de alguns quilômetros pela montanha, que terminava na rodovia Angeles Crest. Chris sabia, como todos que dirigiam regularmente pela estrada da montanha, como esse trecho podia ficar congestionado.

Olhando pelo espelho retrovisor, Chris viu que diversos motoristas impacientes se aproximavam. Tentou acelerar, mas, ao fazê-lo, a madeira que estava transportando moveu-se perigosamente, e ele foi forçado a reduzir a marcha mais uma vez.

Enquanto isso, Kailey cantava para si mesma, sem perceber o apuro em que o pai se encontrava. Ela cantava com sua voz doce e aguda enquanto Chris procurava um lugar para encostar. Se pelo menos pudesse deixar passar os carros que estavam na retaguarda, ele poderia continuar a dirigir devagar evitando que a carga de tábuas caísse. Por isso, examinava a lateral da estrada com um olhar de frustração. Havia apenas alguns centímetros separando a estrada da beira do despenhadeiro, e não havia acostamento por vários quilômetros.

Olhou mais uma vez para o retrovisor e ficou preocupado com a possibilidade de um dos motoristas tentar fazer uma ultrapassagem — motivo comum de graves acidentes em toda a estrada. Seus olhos desviaram-se da estrada apenas por um instante. Quando olhou outra vez para a frente, sua caminhonete estava saindo da estrada. Aterrorizado — diante do risco de cair no despenhadeiro —, Chris tomou uma súbita decisão, evitando apertar os freios com violência. Os outros carros o seguiam muito de perto e, se batessem nele, o impacto poderia atirá-lo por cima das rochas. Em vez disso, foi encostando o carro na lateral — que naquele trecho tinha menos de um metro de largura — e apertou os freios devagar. Os outros carros começaram a ultrapassá-lo e Chris suspirou alto. Tentou não pensar no que poderia ter acontecido se não tivesse olhado para a frente justo naquele momento.

Então, um pouco antes de seu veículo parar por completo, a terra embaixo do pneu dianteiro direito desapareceu e, de imediato, a caminhonete começou a despencar pela encosta, para dentro do despenhadeiro.

— Segure-se! — gritou ele. A distância, ouviu Kailey chorando.

A Ranger rolou velozmente para baixo e Chris foi atingido por uma força incontrolável que comprimia seu corpo contra a faixa superior do cinto de segurança, e depois contra a carroceria do veículo, a cada virada. Enquanto o carro continuava a bater e a rolar montanha abaixo, Chris sentia a cabeça girar. Sabia que provavelmente não iria sobreviver ao acidente, mas seu maior medo era por Kailey, cujo choro, estranhamente, havia desaparecido.

Finalmente, a mais de 150 metros montanha abaixo, a caminhonete parou com as rodas para o alto. Chris estava preso no assento dianteiro, mas consciente. Um líquido quente escorria em torno de seus olhos, de sua boca e das orelhas; sabia, sem olhar, que estava sangrando muito.

— Kailey! — gritou ele, tentando desesperadamente mover o corpo para poder ver a criança. — Kailey, querida, onde está você?

Chris escutou com atenção, mas ouviu apenas o som do vento uivando no desfiladeiro. Com o corpo quase paralisado pela dor, tentou sair do que restava da caminhonete. Foi então que olhou para o banco traseiro. No meio do metal retorcido, a cadeirinha de Kailey estava presa ao encosto do banco, com suas finas tiras ainda afiveladas no lugar. Mas Kailey havia desaparecido. Chris sentiu uma dolorosa onda de pânico. Se ela tivesse sido atirada para fora do veículo durante a queda, não seria possível que estivesse viva. Deveria ter morrido imediatamente após o impacto.

— Kailey! — gritava ele, com lágrimas escorrendo-lhe pela face, enquanto procurava, encosta acima, a sua pequenina filha. De repente, compreendeu o que devia fazer. Caiu de joelhos.

— Senhor, obrigado por permitir que eu sobrevivesse a este desastre. — Ele murmurava as palavras com a cabeça abaixada, em total desespero. — Agora, por favor, faça com que eu encontre Kailey.

Levantou-se.

— Kailey! — gritou tão alto quanto podia, com a voz sufocada pelos soluços. — Se você pode me ouvir, vou encontrá-la, meu bem. Você está me ouvindo, meu amor?

Chris olhava para a encosta rochosa que teria de escalar para chegar à estrada. De repente, viu pessoas de pé ao lado da margem da estrada acenando para ele. Então lembrou-se dos carros que o estavam seguindo tão de perto. Alguém devia ter visto o acidente.

— Você está bem? — gritou um homem, e sua voz ecoou pelo desfiladeiro abaixo. Perto dele, outro homem que passava por ali pedia socorro pelo telefone celular.

Novas lágrimas brotaram-lhe dos olhos quando gritou em resposta:

— Sim! Mas não encontro a minha filha!

Movendo-se o mais rápido possível, Chris começou a subir a encosta em direção às pessoas. Tinha começado a tossir sangue e sentia como se sua cabeça fosse explodir. Ainda continuava a gritar o nome de Kailey a cada poucos metros. Finalmente, quando estava a uns dez metros da estrada, ele a ouviu.

— Papai, papai — ela gritou. — Estou aqui!

Chris sentiu um raio de esperança e recusou-se a atender à vontade do seu corpo para continuar em frente. Ele a havia encontrado.

— Kailey, estou indo! — gritou.

Nesse momento, alguém que estava em pé na beira da estrada apontou para baixo.

— Lá está ela!

Imediatamente, três dos que assistiam à cena começaram a se arrastar penhasco abaixo, em direção a uma pequena clareira escondida da estrada. Eles chegaram à criança quase ao mesmo tempo que Chris. Kailey estava sentada, com as pernas cruzadas, em cima de um macio e verdejante arbusto. Seus olhos estavam arroxeados e havia marcas vermelhas e escuras em torno do pescoço. Ela tremia e chorava descontroladamente. De imediato, Chris pensou que o pescoço da menina devia estar quebrado.

— Cuidado com o pescoço! — gritou ele. — Vamos erguê-la juntos.

— Sim — alguém gritou a alguns passos acima do lugar onde Kailey estava sentada. — Vamos levá-la para a estrada lá em cima.

Chris conseguiu abaixar-se com dois homens, ajudando-os a erguer sua filha com as forças que lhe restavam, enquanto outros a içaram para a estrada.

Quase ao mesmo tempo, um helicóptero do serviço médico pousava na estrada, a cerca de dez metros do local onde a caminhonete havia despencado. Os paramédicos começaram a correr em direção a Chris e Kailey, acercando-se deles e administrando-lhes prontamente os primeiros socorros. Em poucos minutos, pai e filha tinham sido amarrados com correias a pranchas e levados para o Huntington Memorial Hospital, em Pasadena.

A cabeça de Chris estava inchada, tendo quase duas vezes o seu tamanho normal devido aos inúmeros choques contra a parte traseira da caminhonete. Seus pulmões também estavam gravemente afetados pela pressão do cinto de segurança, que certamente salvara-lhe a vida. Ele foi submetido a um tratamento intensivo e tinha poucas chances de sobreviver.

Nesse meio-tempo, levaram Kailey à unidade de pediatria, onde foi mantida em observação. Os médicos fizeram radiografias e chegaram à conclusão de que, embora severamente machucada no pescoço, não ocorrera nenhum dano à sua coluna vertebral. Ela não sofrera ferimentos nos órgãos internos e escapara até mesmo de uma concussão. Passaram-se várias horas antes que Michele soubesse do acidente e corresse para o hospital.

Quando ela chegou ao lado de Chris, ele estava inconsciente, ligado a diversos tubos e fios. Sua cabeça estava tão inchada e seu rosto tão machucado que ela quase não o reconheceu. Segurou-lhe a mão e orou com fervor para que ele sobrevivesse. Depois, foi ao encontro de Kailey.

A menina começou a chorar tão logo Michele chegou apressada, prendendo a respiração ao ver seu pescoço e seus olhos machucados. Michele sentou-se ao lado de sua agitada filhinha e tomou seu corpo trêmulo entre os braços.

— Está tudo bem, querida, tudo vai ficar bem — murmurou Michele, tentando desesperadamente parecer forte. — Por que você não me conta o que aconteceu?

— Oh, mamãe — ela chorou mais ainda, enterrando a cabeça no colo da mãe. Depois de alguns segundos, Kailey finalmente ergueu os olhos, com lágrimas escorrendo-lhe pela face, e começou a falar.

— Estávamos viajando na caminhonete e depois começamos a cair — disse ela com os olhos inundados de lágrimas. — Então os anjos me tiraram do carro e me colocaram em cima dos arbustos. Mas papai continuou a rolar, a rolar, a rolar.

Kailey começou a chorar convulsivamente.

— Fiquei muito preocupada com ele. Eu não sabia se ele ia parar de rolar. Ele está bem, mamãe?

— Ele vai ficar bom — disse Michele, tentando compreender o que Kailey acabara de dizer.

— Querida, fale-me a respeito dos anjos.

— Eles foram muito bonzinhos comigo. Eles me tiraram da caminhonete e me colocaram em cima de um arbusto macio.

Michele deitou sua filha suavemente no travesseiro e passou os dedos pelas manchas avermelhadas que lhe rodeavam o pescoço.

De repente, um arrepio correu-lhe pela espinha e os pêlos de seus braços e pernas se eriçaram.

Anjos? Tirando Kailey do carro? Ela lembrou-se das Escrituras que falavam de anjos que cuidavam daqueles que amavam a Deus.

— Você conhece meus anjos, mamãe? — perguntou Kailey sem chorar mais, com um olhar confiante cheio de sinceridade.

Michele balançou a cabeça.

— Não, Kailey, mas tenho a certeza de que eles fizeram um bom trabalho ao retirá-la da caminhonete. Às vezes, Deus envia os anjos para que tomem conta de nós.

Durante os dias seguintes, enquanto o estado de saúde de Chris começava a melhorar como que por milagre, as investigações da polícia chegaram a conclusões mais precisas sobre o acidente.

Primeiro, ninguém jamais havia sobrevivido a uma queda de cerca de 150 metros em toda a extensão da rodovia Angeles Crest. Em geral, mesmo que uma pessoa estivesse usando cinto de segurança, os ferimentos na cabeça causados pelas inúmeras viradas do carro provocariam uma hemorragia fatal.

Segundo, encontraram o vidro da janela traseira da Ranger totalmente intacto e apenas a poucos metros da estrada. Embora nunca tivessem visto isso acontecer antes, o vidro havia sido arrancado, por inteiro, no primeiro impacto com a escarpa rochosa.

Finalmente, concluíram que Kailey poderia ter sido atirada para fora da caminhonete na primeira virada, levando-se em consideração o lugar em que fora encontrada. O que significava que, em questão de segundos, o vidro da janela traseira devia ter sido arrancado e Kailey, de alguma maneira, escorregara por entre as faixas do seu cinto de segurança e fora lançada para o lado de fora, através da abertura da janela, caindo sobre um arbusto macio.

— O que seria totalmente impossível — disseram mais tarde os investigadores. Além disso, a área estava coberta de cactos iúca cheios de espinhos pontiagudos. Se a menina tivesse caído em cima de uma dessas plantas, os longos espinhos que dela se projetavam poderiam facilmente ter perfurado seu pequenino corpo, matando-a.

O arbusto macio sobre o qual Kailey fora encontrada era o único da sua espécie nos arredores.

Depois, eles afirmaram: — Por tudo o que descobrimos a respeito do acidente, jamais saberemos como Kailey Smith sobreviveu.

Para Kailey, a explicação era óbvia.

Meses mais tarde, depois de ter se recuperado com uma rapidez espantosa, Chris estava em casa ajudando Michele com seu filho recém-nascido, e preparando a cabana para o Natal. Kailey continuava a falar naturalmente dos anjos que a haviam retirado do carro do pai, colocando-a em cima do macio arbusto e mantendo-a em segurança até que o pai chegasse.

Não havia nenhuma outra explicação. Chris e Michele acreditavam que sua filha estava contando a verdade sobre o que havia acontecido naquela tarde de agosto, a respeito do seu maravilhoso encontro com os anjos.

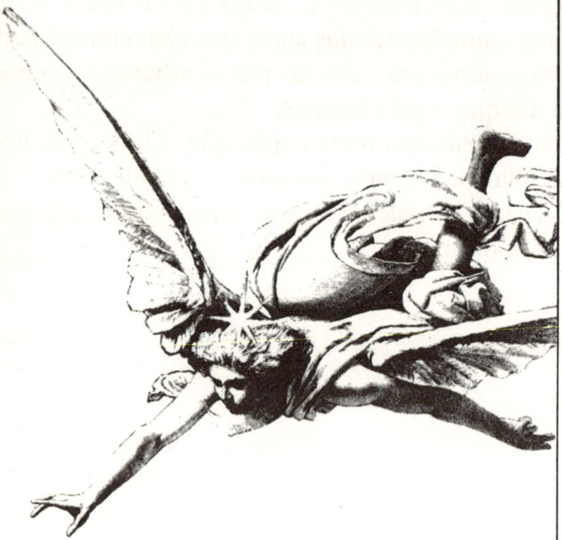

ENCONTRO Nº 2

O Filho Pródigo dos Tempos Modernos

Na alta posição que havia galgado na vida, Charles A. Galloway Jr., pouco lembrava o adolescente rebelde que fora há mais de cinqüenta anos. Voltando àquela época — o inverno de 1938 —, ele fazia as coisas a seu modo, não obstante a profunda preocupação de seus pais com sua vida e com seu futuro. Foi então que ocorreu um fato que mudaria a vida de Charles para sempre.

Filho de pais amorosos e dedicados, Charles cresceu em Jackson, Mississípi, e tinha sido privilegiado com uma infância maravilhosa. Porém, em sua adolescência, ele era inquieto e ansioso por experimentar um modo de vida mais agitado. Aos dezesseis anos, decidiu que não queria mais estudar.

— Charles, nunca mais quero ouvir você falar em sair da escola, compreendeu? — disse-lhe a mãe quando ele veio com essa idéia.

— Mas, mamãe, eu quero lutar boxe! Posso fazer isso, mamãe. Dê-me uma oportunidade!

— Bobagem — disse ela, afastando-se e balançando a cabeça, contrariada. — Nenhum filho meu vai abandonar os estudos para lutar boxe.

Seu pai concordou: — Fique na escola, filho. Você não tem escolha.

O relacionamento com seus pais tornou-se cada vez mais tenso.

Charles esperou até a escola fechar para as férias de verão e fez planos para fugir de casa.

— Quero apenas ser um homem — disse a um de seus amigos, antes de partir. — Vou provar isso a mim mesmo.

Charles era um rapaz inteligente, alto e atlético, e com um senso de sobrevivência inato. Como tinha apenas alguns dólares, sabia que deveria, antes de tudo, encontrar um trabalho. Depois de ficar apenas uma tarde observando os vagões da estrada de ferro, descobriu que poderia determinar o lugar aproximado para onde eles se destinavam.

Ficou observando a estação durante quase uma hora. Assim que o trem parava, o comboio era protegido por guardas ferroviários, armados de enormes cassetetes, que impediam o embarque de clandestinos nos vagões de carga. Quando o trem começava a se mover, os guardas subiam a bordo e dirigiam-se para a parte da frente do trem. Não se preocupavam se pessoas pudessem embarcar clandestinamente enquanto o trem estivesse em movimento, uma vez que fazer isso seria uma loucura muito perigosa. Assim, eram raras as tentativas nesse sentido.

Charles podia imaginar o perigo que seria dar um pulo para dentro de um vagão do trem em movimento, mas não tinha medo. Havia decidido que esperaria até que o trem começasse a se mover para se arriscar. Se calculasse bem a velocidade, achava que poderia correr ao lado do trem que se movimentava lentamente, e pular para dentro de um dos vagões de carga sem problemas.

Criando coragem, Charles esperou que aparecesse um trem que fosse para o norte e entrou em ação. Se falhasse, ele sabia que corria o risco de cair sob as rodas do trem. Charles obrigou-se a pensar de modo positivo e, no momento exato, pulou, caindo em segurança dentro do vagão.

— Mais fácil do que parecia — murmurou o rapaz, confiante, para si mesmo.

Ele passou a usar esse novo meio de transporte várias vezes nos dias seguintes, até sair de um trem numa pequena cidade do Missouri e ver o que parecia ser um parque de diversões itinerante, armado sob uma grande faixa onde se lia: "Circo Red-Top". Sem dinheiro, Charles procurou o pessoal do circo e foi imediatamente contratado como ajudante geral.

— Se os senhores não se importarem, eu também gostaria de fazer algumas lutas — disse Charles com arrogância, estufando o peito como se quisesse demonstrar seu valor como boxeador.

O dono do circo olhou para ele com ceticismo.

— Veremos, filho — disse ele. — Vamos ver como poderemos encaixá-lo.

Agora que havia encontrado um lugar para ficar e um meio de ganhar dinheiro, Charles escreveu para seu pais. Eles abriram a carta juntos, com lágrimas de preocupação nos olhos.

— Não posso lhes dizer onde estou, mas estou bem — escreveu ele nessa primeira carta. — Talvez eu até consiga algumas lutas de boxe.

Durante os oito meses seguintes, Charles viajou com o Circo Red-Top, percorrendo diversas cidades, desde o Estado de Missouri até o de Nebraska.

Uma vez ou outra, o dono do circo deixava que ele participasse de lutas, nas quais dois homens eram colocados num fosso escavado e lutavam até que um dos dois caísse por causa dos socos recebidos ou por exaustão. Charles não perdia uma única luta. Todas as vezes que ganhava, voltava para o alojamento, pegava algumas folhas de papel e escrevia uma carta para os pais.

— Acho que vocês podem se orgulhar de mim — escrevia ele. — É certo que não estou na escola, mas estou realizando os meus sonhos. Por favor, não se preocupem comigo.

No entanto, os pais de Charles, como era natural, estavam preocupados com o filho. Eles haviam sempre proporcionado um ambiente seguro para ele, que era agora um vagabundo, um ajudante geral e boxeador ocasional de um circo itinerante. Os dois controlavam seus temores quanto à segurança e à salvação do filho, orando por ele diariamente.

— Senhor, por favor, proteja o nosso filho — oravam em voz alta. — Guarde-o em segurança e traga-o de volta para casa.

Em fevereiro, depois de um gélido inverno no Nebraska, que impediu as pessoas de irem ao parque de diversões, o Circo Red-Top faliu. Charles tinha dinheiro suficiente para se manter durante algum tempo. Mas o que ele queria era voltar para o sul, e sabia que seu dinheiro não daria para pagar a passagem de trem. Recorrendo ao seu antigo meio de viagem, embarcou clandestinamente em diversos trens até que, duas semanas depois, estava em Haiti, Missouri. Depois de um farto almoço numa lanchonete do local, pensou no que poderia fazer. Voltar para casa seria admitir que tinha fracassado. O que queria realmente era encontrar outro circo, um lugar onde pudesse continuar a lutar. Naquela tarde, Charles procurou se informar e soube que o circo itinerante mais próximo estava a cerca de trinta quilômetros ao sul.

Ele sabia exatamente que trem o levaria para o sul, e escondeu-se embaixo da plataforma de carga do armazém da estação ferroviária. Ali, aguardou o momento exato. Agachado nas sombras, observou que o trem seria puxado por duas locomotivas. Isso significava que atingiria uma grande velocidade em muito menos tempo que o normal. Poderia até estar trafegando próximo à sua velocidade máxima ao deixar a estação. Mas ele já havia pulado para dentro de trens em velocidade, e não estava com medo.

Quando chegou a hora, correu em direção ao vagão de carga e emparelhou-se com ele. De repente, o chão sob seu pés estreitou-se e ele estava correndo ao lado de um barranco íngreme. Poucos metros à frente, pôde ver que não havia mais terra alguma ao lado dos trilhos — somente a borda de um precipício. Charles sabia que tinha apenas uma chance. Pulando antes que o trem tivesse atingido toda a velocidade, atirou-se para o alto e caiu com parte do corpo dentro do vagão de carga. Porém, sem nada ter em que se segurar, seu corpo começou a escorregar para fora. Enquanto tentava arrastar-se para dentro do vagão, sentiu que o trem estava atingindo sua velocidade máxima. Aterrorizado pela situação em que se encontrava, olhou por cima do ombro: o trem serpenteava ao longo do ponto mais alto de um profundo e estreito despenhadeiro. Se escorregasse para fora, poderia cair sob as rodas do trem ou mergulhar para a morte no profundo desfiladeiro. Charles fechou os olhos e tentou erguer-se para dentro do vagão. Em vez disso, sentiu que estava escorregando.

— Por favor, meu Deus! — implorou, com os olhos fechados com toda a força. — Não permita que eu morra agora. — Mas Charles sabia que não havia como sobreviver àquela situação; estava a segundos de uma morte certa.

Nesse instante, abriu os olhos. À sua frente, estava um homem negro, incrivelmente musculoso, que aparentava uns trinta anos de idade. O homem fitou-o atentamente, mas não disse nada; apenas abaixou-se e puxou o rapaz pelos braços para dentro do trem que corria velozmente. Charles permaneceu deitado no piso do vagão, com o rosto voltado para baixo, tentando recuperar o fôlego e recobrar as forças.

Quando ergueu os olhos para agradecer ao homem, ele já havia desaparecido. O vagão de carga estava completamente vazio. Uma das duas portas laterais estava fechada, e assim estivera desde que o trem começara a se movimentar. Olhou para o lado de fora e estremeceu. Não havia meio de o homem ter pulado do trem e sobrevivido. Ele simplesmente tinha desaparecido. Charles sentou-se lentamente num canto do vagão e começou a tremer.

De repente, teve plena certeza de que precisava ir para casa. Ficou no trem até chegar a Jackson e, de imediato, voltou para a casa de seus pais. Então contou a eles a respeito do homem no vagão de carga.

— Um anjo, filho — disse-lhe o pai, enquanto a mãe abraçava a ambos.

— Deus estava cuidando de você — disse ela. — Veja. Ele o trouxe de volta para nós.

Charles assentiu.

— A partir de hoje as coisas vão ser diferentes. Vocês vão ver!

Charles voltou à escola nessa semana e, poucos meses depois, com sua fé renovada, foi batizado no rio local. Depois de se formar, mudou-se para o sul da Califórnia, onde passou dois anos lutando como boxeador profissional, antes de ser convocado.

Ele lutou na II Guerra Mundial como integrante do 339º Esquadrão de Artilharia do 96º Grupo da Oitava Força Aérea. Voou 28 vezes em missões sobre a Alemanha e, em maio de 1945, voltou a Jackson onde abriu com o pai uma firma de construção. Trabalhando juntos, tornaram a empresa lucrativa e respeitada.

Atualmente, com a idade de 71 anos, Charles conta sua história àqueles cuja fé precisa ser revigorada. Ele está convencido de que Deus salvou-lhe a vida, enviando um anjo da guarda para chamar a sua atenção.

— Toda a minha vida teria sido diferente não fosse por aquela tarde extraordinária — diz Charles, cuja fé e amor a Deus são sempre evidentes nos dias de hoje. — Deus usou aquele anjo não apenas para salvar a minha vida, mas para transformá-la de uma forma que eu pudesse glorificá-lo para sempre.

ENCONTRO Nº 3

Uma Estranha Luz na Ala dos Portadores de Câncer

As más notícias chegaram no dia 6 de janeiro de 1981.

Até então, Melissa e Chris Deal eram, de todos os pontos de vista, um dos casais mais felizes do mundo. Estavam com vinte e poucos anos e sentiam a mesma paixão por música *country* e pela vida ao ar livre. Estavam sempre descobrindo novas maneiras de desfrutar a companhia um do outro, ora andando de bicicleta pelas montanhas, ora fazendo caminhadas ou jogando tênis juntos. Simpáticos e fortes, Melissa e Chris pareciam viver uma vida encantada, em que tudo era do jeito que eles sempre sonharam.

Isso foi antes de Chris adoecer. No princípio, o casal acreditava que ele estava apenas com uma gripe muito forte. Depois acharam que talvez estivesse com uma febre virótica. Mas os médicos preferiram fazer exames de sangue. Finalmente, naquele dia frio de janeiro, a doença foi diagnosticada como leucemia linfática aguda. Com a idade de 28 anos, Chris estava sofrendo da forma mais letal de câncer infantil.

Nos três meses seguintes, o câncer de Chris não apresentou sintomas da doença e ele continuou com a aparência de uma pessoa saudável. Musculoso, com dois metros de altura e pesando mais de noventa quilos, Chris parecia mais um atleta profissional do que um homem que sofria de leucemia. Durante esses meses, Chris continuou a trabalhar e nem ele nem Melissa passavam muito tempo falando sobre sua doença.

No final desse período, os médicos descobriram que o irmão de Chris tinha todas as características necessárias para se fazer um transplante de medula óssea. Porém, antes que a operação fosse marcada, a saúde de Chris piorou drasticamente e ele enfraqueceu muito.

— Temo que ele esteja muito fraco para ser submetido ao transplante — explicou o médico de Chris uma tarde, quando o casal estava sentado em seu consultório. — O câncer ficou muito ativo.

O médico recomendou que Chris fosse levado ao dr. Anderson, no Hospital do Câncer de Houston, para tratamento intensivo, na esperança de reduzir os sintomas da doença. Em uma semana, Chris e Melissa tiraram uma licença médica em seus empregos e mudaram-se para o hospital. As enfermeiras, generosamente, providenciaram uma cama de lona para Melissa, a fim de que ela pudesse ficar ao lado de Chris, encorajando-o e dando-lhe forças durante o tratamento intensivo de quimioterapia e radioterapia.

Viver numa ala de pacientes com câncer era muito deprimente para os Deals, que até aquele momento haviam pensado muito pouco na morte e em morrer. O casal conversava freqüentemente a respeito de como suas vidas haviam se transformado em algo pior do que um pesadelo, no qual Chris lutava por sua vida, no meio de outras pessoas iguais a ele. Pessoas que não tinham nenhuma possibilidade real de vencer o câncer. Chris começou a passar boa parte do tempo orando, pedindo a Deus para cuidar de Melissa, independentemente do que viesse a acontecer com ele. Orava para que a doença regredisse, mas também pedia a Deus que lhe desse forças para aceitar a morte, se tivesse chegado a sua hora.

Os meses se passavam e os médicos começavam a duvidar que o câncer de Chris viesse a regredir mais uma vez. No Natal de 1981, Chris estava pesando apenas 45 quilos. Tinha os olhos fundos e havia perdido quase todas as forças. Não podia mais andar e apenas raramente encontrava energia suficiente para sentar-se na cama. Os médicos comunicaram a Melissa que não havia mais nada a fazer.

— Acho que ele não vai durar muito tempo, Melissa — disse um médico. — Quero que você esteja preparada.

Melissa assentiu com a cabeça, as lágrimas correndo-lhe pela face. Sentia-se completamente sozinha e se perguntava por que a vida feliz que tinham levado juntos havia se tornado tão trágica. Começou a temer que Chris morresse enquanto ela dormia e, por isso, apenas cochilava por mais ou menos uma hora de cada vez, acordando rapidamente sempre que Chris se movia ou tentava falar.

No dia 4 de janeiro, Melissa caiu num sono mais profundo do que o de costume e foi despertada por uma enfermeira às três horas da madrugada.

— Sra. Deal — disse a enfermeira, num tom de urgência — levante-se! O seu marido se foi.

Pensando que seu marido houvesse morrido enquanto ela dormia, Melissa sentou-se ereta, com medo do que pudesse ver. Mas a cama de Chris estava vazia.

— Ele sumiu! Onde está ele? O que aconteceu? Para onde vocês o levaram? — perguntou freneticamente.

— Não tocamos nele, senhora — disse a enfermeira imediatamente. — Ele deve ter se levantado e caminhado para algum lugar. Viemos fazer os exames de rotina e ele havia desaparecido.

Melissa balançou a cabeça, tentando pensar com clareza.

— Ele não pode andar, você sabe disso. — Melissa estava frustrada e sua voz elevou-se um pouco.

Mesmo que seu marido tivesse encontrado forças para sair da cama e se arrastar até o corredor, deveria ter sido visto. O quarto de Chris estava localizado no 11º andar do hospital, que tinha uma forma circular. E o posto de enfermagem era uma ilha redonda no centro do andar. Não havia meios de Chris ter se levantado e saído do quarto sem que alguém o visse. Principalmente porque seus braços estavam ligados a tubos intravenosos.

A enfermeira parecia aturdida e abalada. De repente, Melissa levantou-se e correu para fora do quarto. Enquanto corria em direção aos elevadores, observou um ligeiro movimento na capela do 11º andar. Encaminhando-se para a porta e examinando seu interior, Melissa ficou estupefata com o que viu.

Dentro da capela, com as costas voltadas para a porta, Chris estava sentado despreocupadamente num dos bancos, conversando com um homem. Estava sem os tubos intravenosos e, embora ainda muito magro, parecia quase saudável.

Melissa ficou zangada. Por que Chris tinha saído sem dizer nada? E quem era aquele homem? Melissa sabia que jamais o tinha visto antes, e ele não estava vestido como um médico. De onde ele tinha vindo às três horas da madrugada? Melissa olhou fixamente através da vidraça, tentando compreender o que estava acontecendo.

Passados alguns minutos, caminhou para dentro da capela em direção ao marido. Ao mesmo tempo, o estranho baixou os olhos para o chão, como se não quisesse que Melissa visse o seu rosto. Ela notou que ele estava usando uma camisa de flanela vermelha enxadrezada, calças *jeans* e um par de botas de trabalho novas, com os cordões atados. Seus cabelos brancos eram curtos e sua pele era tão alva que parecia transparente. Melissa voltou-se para Chris, ainda mantendo um olho no homem que estava ao lado dele.

— Chris? — disse ela, preocupada. — Você está bem? Onde você estava?

— Melissa, está tudo bem — disse Chris sorrindo despreocupadamente e parecendo mais forte do que vinha se mantendo há meses. — Voltarei para o quarto dentro de alguns instantes.

Nesse momento, ela voltou-se para o estranho e ele ergueu os olhos em sua direção. Melissa ficou impressionada com o brilho dos olhos azul-claros do homem. Ficou curiosa para saber quem era ele. Como ele pudera fazer Chris sorrir e parecer tão à vontade quando, apenas poucas horas antes, ele quase não conseguia se mover? Fitou o homem, hipnotizada pelo seu olhar, buscando uma explicação para a sua existência.

— O que está acontecendo? — perguntou ela voltando-se para o marido.

— Melissa, por favor, logo mais voltarei para o quarto!

A voz de Chris era suave mas autoritária. Melissa compreendeu que ele queria que ela saísse e os deixasse a sós.

Embora relutando, Melissa saiu da capela, dirigindo-se ao posto de enfermagem, onde informou às enfermeiras de Chris que ele estava na capela. Elas ficaram aliviadas e não tentaram levá-lo de volta para o quarto.

Durante trinta minutos, Melissa esperou sozinha no quarto do hospital, até que, finalmente, Chris juntou-se a ela. Melissa quase não o reconheceu. Com um largo sorriso no rosto e um brilho nos olhos, Chris parecia estar cheio de energia enquanto caminhava em direção a ela, com um vigor que não tinha antes. Estava obviamente feliz e em paz consigo mesmo.

— Está bem, quero saber quem era aquele homem. Por que você estava conversando com ele? O que ele disse? E como é que você está andando tão bem? O que aconteceu?

Melissa disparou a fazer perguntas ao marido e ele começou a rir.

— Melissa, ele era um anjo.

Sua felicidade e a maneira como pronunciou essas palavras não deixavam dúvidas na mente de Melissa de que ele realmente acreditava no que acabara de dizer. Ela ficou calada por um instante, pensando na possibilidade de o homem ser, na verdade, um anjo.

— Eu acredito em você — disse ela com ternura. Aproximou-se do marido e o abraçou. — Fale-me a respeito disso.

Chris contou-lhe que fora acordado subitamente e sentira, de imediato, uma irresistível urgência de ir até a capela. Os tubos aos quais estivera ligado já tinham sido removidos, uma coisa que nenhuma das enfermeiras lembrou-se de ter feito, quando interrogadas posteriormente. Ao se mover para sair da cama e começar a andar sentiu de repente que era capaz de fazer isso sem sentir a fraqueza habitual. Quando chegou à capela, encaminhou-se tranqüilamente para um dos bancos e ajoelhou-se para orar. Estava orando em silêncio, quando ouviu uma voz.

— Você é Chris Deal? — perguntou a voz amavelmente.

— Sim — respondeu Chris, curioso e sem receio da voz.

Nesse momento, voltou-se e o homem lá estava, vestindo uma camisa de flanela e calças *jeans*. O homem sentou-se em frente a Chris, com seus joelhos quase se tocando. Durante alguns momentos, ele nada disse. Quando falou, Chris teve a sensação de que já o conhecia.

— Você precisa ser perdoado por alguma coisa? — perguntou o homem.

Chris inclinou a cabeça, com lágrimas brotando nos olhos. Há anos, ele nutria amargos e rancorosos sentimentos por um parente com o qual convivera durante a maior parte da sua vida. Ele sempre soubera que estava errado por fomentar essa raiva, porém jamais pedira perdão por isso. Lentamente, Chris ergueu os olhos e concordou com a cabeça, explicando a situação ao homem.

O homem disse a Chris que Deus o havia perdoado.

— O que mais o preocupa?

— Melissa. Minha mulher — retrucou Chris, com a preocupação estampada no rosto. — Ela me preocupa. O que vai acontecer com ela?

O homem sorriu tranqüilamente.

— Ela ficará bem.

Ele ajoelhou-se ao lado de Chris, e durante os vinte minutos seguintes os dois oraram junto. Finalmente, o homem voltou-se para Chris e sorriu.

— Suas preces foram atendidas, Chris. Agora você pode ir.

Chris agradeceu ao homem e, embora nada houvesse sido dito, ele sabia que o homem era um anjo.

— E então voltei para cá — disse Chris alegremente. De imediato, Melissa levantou-se.

— Tenho de encontrar esse homem — disse ela, enquanto saía do quarto.

Melissa acreditava na história de Chris, mas estava dominada pela necessidade de falar pessoalmente com o homem. Correu de volta para a capela, mas o homem havia sumido. Em seguida, foi verificar com os guardas que estavam em seus postos em cada elevador. Descreveu o homem com quem Chris falara.

— Um homem com camisa de flanela e calças *jeans* — repetiram os guardas com curiosidade. — Não, não vimos ninguém parecido com ele.

Melissa entrou correndo no elevador e foi até o andar térreo. Os guardas da entrada principal do hospital também não haviam visto ninguém que correspondesse a essa descrição.

— Mas isso não é possível! — insistiu Melissa — Eu sei que ele deve ter passado por essas portas há menos de quinze minutos. Ele não podia simplesmente ter desaparecido.

— Desculpe, senhora — disse o guarda. — Não vi ninguém com essa aparência hoje à noite.

Decepcionada, Melissa voltou ao quarto de Chris, onde ele estava sentado, com os braços cruzados, e com um olhar de quem sabia onde ela havia estado.

— Não o encontrou, não é? — disse Chris com um sorriso forçado.

— Para onde ele foi? Quero realmente falar com ele!

Melissa estava frustrada e confusa pelo repentino desaparecimento do homem.

— Acho que ele foi para o lugar de onde veio, meu bem. Ele fez o que tinha de fazer e foi embora.

Lentamente, Melissa concordou com a cabeça, como se estivesse entendendo. Ainda desejava ter encontrado o homem, mas aparentemente Chris estava com a razão. O homem desaparecera completamente, talvez para voltar ao lugar de onde viera.

No dia seguinte, quando Chris acordou, muito mais bem-disposto do que na noite anterior, ambos pensaram que, por um milagre, ele estivesse melhorando. Ele estava feliz e contente, e passou a maior parte do dia visitando os outros pacientes do andar, encorajando-os e orando com eles, ou simplesmente os ouvindo. Muitas das manifestações físicas da sua doença pareciam ter diminuído ou desaparecido, de um modo tão misterioso quanto o homem que o visitara. Então, dois dias depois, Melissa acordou e encontrou Chris olhando para ela de uma maneira estranha.

Subitamente nervosa, ela sentou-se na cama.

— O que foi? — perguntou.

— Sonhei com Bill esta noite — disse Chris, nitidamente perturbado pelo sonho. — Você me pediu para lhe dizer se sonhasse com ele.

Bill, o melhor amigo de Chris, morrera num acidente de carro há um ano. Por razões que não lhe eram muito claras, Melissa acreditava que, se Chris sonhasse com Bill, significaria que a morte dele estaria próxima. Ela não falara a Chris a respeito dessa idéia, mas pedira que ele lhe contasse se viesse a sonhar com Bill.

Agora Melissa estava confusa. Chris não podia estar prestes a morrer. Parecia forte e cheio de vida. E se suas preces tivessem sido atendidas, como dissera o homem de camisa de flanela, ele deveria estar se recuperando. Algo não estava fazendo sentido.

— E quanto ao anjo? — perguntou ela a Chris, com a voz cheia de ansiedade.

Chris deu de ombros.

— Não sei. Você apenas me pediu que lhe contasse se alguma vez eu sonhasse com Bill.

Algo no rosto do Chris dizia a Melissa que ele sabia por que ela considerava o sonho importante.

Nessa tarde, Chris teve uma hemorragia pulmonar. Começou a sangrar pela boca e pelo nariz, e imediatamente vários médicos e especialistas aglomeraram-se em torno dele, tentando desesperadamente salvar-lhe a vida. Melissa colocou-se atrás da cabeça de Chris e pôs as mãos nos ombros dele.

— Vamos, Chris! — gritava freneticamente. — Não me deixe!

Nesse momento, um médico pediu que ela se afastasse, para que ele pudesse cuidar de Chris. Melissa voltou-se em silêncio e procurou um lugar junto da parede, onde deslizou para o chão e enterrou a cabeça nas mãos.

Enquanto os médicos se apressavam no atendimento a Chris, gritando "Emergência", e tentavam salvar-lhe a vida, Melissa começou a orar. Quase instantaneamente, sentiu uma paz que se derramava sobre ela e compreendeu que aquilo fazia parte dos planos de Deus. Chris havia orado para que ela ficasse bem e, naquele instante, ela soube que isso aconteceria, não importando o que viesse a ocorrer.

Nessa noite, minutos antes de ele ter sido declarado morto, exatamente um ano após o câncer ter sido diagnosticado, Chris chamou pelo nome de Melissa.

— Está tudo bem, querido — murmurou ela, com o rosto coberto de lágrimas, olhando para o alto. — Está tudo bem.

Hoje, mais de dez anos depois, Melissa tem a certeza de que as preces de Chris foram realmente atendidas naquela noite, quando ele recebeu a visita do homem que, segundo ela acredita, era um anjo. Uma vez que o tempo de Chris na Terra fora tão curto, havia sido concedida a ele a dádiva da paz, da aceitação do seu destino e de não lutar contra ele por temê-lo. Ele tinha sido, também, libertado do cativeiro da amargura e do ódio e agraciado com a dádiva divina do perdão. Esse fato esteve evidente na sua felicidade e alegria durante seus últimos dias. E, finalmente, Melissa sobreviveu à morte do marido e enfrentou a provação com coragem — outra resposta às orações de Chris.

Embora existam pessoas que possam tentar explicar ou discutir a respeito da identidade do visitante de Chris naquela noite, Melissa o viu, olhou-o nos olhos e observou a transformação que sua visita provocara na vida de Chris. Quanto a ela, jamais haverá outra explicação, senão a que Chris lhe deu naquela noite:

— Melissa, ele era um anjo!

ENCONTRO Nº 4

Teste de Prioridade

JoAnne Davis nunca fora uma pessoa que desse muita importância a bens materiais. Mesmo estando afastada de suas raízes religiosas quando jovem, de uma maneira diferente de seus colegas, ela se preocupava muito pouco com as etiquetas das roupas que usava e com a marca do carro que dirigia.

Em vez disso, as pessoas eram o foco da atenção da vida de JoAnne. Quando aqueles que a cercavam estavam sofrendo, ela sentia a sua dor. Quando necessitavam de ajuda ou de alimentos, ela os providenciava, na medida do possível.

Ao completar 32 anos, na primavera de 1993, devido a uma série de inesperados acontecimentos, JoAnne tornou-se proprietária de um Cadillac amarelo, zero quilômetro. Nessa época, ela já havia encontrado seu caminho de volta para um profundo relacionamento com Deus, e acreditava que o carro era uma dádiva divina. Deus havia colocado o carro em suas mãos, supunha, pelo fato de ela não ser muito apegada a coisas luxuosas. Assim, esse detalhe não iria interferir absolutamente em sua vida.

Todavia, o veículo era muito diferente dos carros velhos que havia dirigido no passado, e ela gostava de poder levar amigos a lugares que estavam na moda. Não se surpreendeu por gostar do carro; o que a surpreendeu, na verdade, foi a maneira pela qual Deus resolveu checar suas prioridades, pouco tempo depois de ter recebido o Cadillac.

Era um dia particularmente quente do mês de junho, e JoAnne havia apanhado sua amiga B. B. para irem ao *shopping center*. As moças conversavam, despreocupadas, quando, um pouco antes de entrarem no estacionamento do *shopping center*, JoAnne viu um homem que mancava, andando pela calçada. Ele aparentava cerca de sessenta anos e usava calças pretas, camisa social e gravata — tudo muito gasto e puído. Ao passar por ele, JoAnne viu que o suor escorria pelo seu rosto enquanto ele se esforçava para seguir em frente.

Então ela olhou para baixo e viu o motivo de seus esforços. Embora caminhasse sem a ajuda de uma bengala, o pé direito do homem era deformado, com o tornozelo voltado totalmente para dentro, obrigando-o, a cada passo, a apoiar todo o seu peso na perna esquerda.

— Não posso acreditar no que estou vendo — disse JoAnne com a voz entrecortada, sentindo, de imediato, piedade pelo homem.

B. B. voltou-se para ver o que havia chamado a atenção da amiga e viu a situação do homem.

— Como é triste! — disse ela.

Precisando seguir o fluxo do tráfego, JoAnne virou à direita para entrar no estacionamento, subiu uma rampa e desceu outra, estacionou o carro e desligou o motor. Da posição favorável em que se encontrava, podia ver que o homem ainda fazia penosos esforços para avançar pela calçada e, de repente, ela não pôde mais ficar olhando.

— É isso — disse ela, ligando o motor novamente.

— O quê? — perguntou B. B., com a mão na maçaneta da porta.

— Não suporto ver essas coisas. O sofrimento daquele homem — explicou JoAnne, tirando o carro da vaga. Em seguida, dirigiu-se para o mesmo lugar por onde havia entrado no estacionamento momentos antes. O homem chegou ao local no mesmo instante que ela, e JoAnne inclinou-se na janela do carro.

— Senhor, posso lhe dar uma carona para algum lugar? — indagou, tão alto que o homem ergueu os olhos e sorriu para ela.

— Oh, isso seria muita bondade da sua parte — disse ele. — Perdi o ônibus e preciso voltar ao meu apartamento. Fica a mais ou menos um quilômetro e meio daqui.

Ignorando o tráfego que começava a ficar congestionado atrás dela, JoAnne desceu do carro, abriu a porta traseira e ajudou o homem a entrar. Agora que ele estava tão próximo, JoAnne sentiu-se quase sufocada pelo cheiro das roupas imundas do homem. Olhou para o banco traseiro do seu carro novo. Mas, ao mesmo tempo, lembrou-se de que não havia feito nada para merecer o carro. Em sua opinião, o carro tinha sido uma dádiva de Deus, e se pudesse usá-lo para ajudar um ser humano em dificuldade, o faria com prazer.

Enquanto voltava ao banco do motorista e saía para a rua, perguntou ao homem para onde exatamente ele queria ir. Olhando pelo espelho retrovisor, notou a estranha cor do cabelo dele. Para sua idade, o cabelo loiro avermelhado parecia artificial. Ele parecia também totalmente tranqüilo e indiferente à sua condição. Embora estivesse há pouco fazendo tanto esforço, parecia agora descansado e despreocupado.

JoAnne franziu as sobrancelhas de curiosidade e iniciou uma conversa com o homem. Falou a respeito do culto do qual iria, junto com a sua amiga, naquela noite e de como o coral vinha ensaiando para esse culto há semanas. Como o homem continuasse calado, JoAnne fez outra tentativa para fazê-lo falar.

— Você conhece o Senhor? — perguntou ela, sem afetação.

De imediato, o homem ergueu os olhos e então pareceu quase inebriado.

— Oh, bem, esse é outro assunto — disse ele rapidamente, e de imediato apontou para um prédio de apartamentos logo à frente, onde queria descer.

JoAnne refletiu sobre a resposta dele e achou que não havia nada que pudesse dizer como réplica. Lançou um olhar indagador para B. B., que, também embaraçada pelas palavras do homem, encolheu os ombros.

— Aqui — disse ele quebrando o silêncio. — Exatamente aqui. Muitíssimo obrigado.

Ele esperou até que JoAnne encostasse no meio-fio, e então começou a abrir a porta. Ela saiu rapidamente e o ajudou a subir na calçada. Depois, tirou um pedaço de papel da bolsa e anotou o número do seu telefone.

— Olhe — disse ela, entregando o papel ao ancião. — Sempre que precisar de uma carona ou de qualquer outra coisa, por favor me telefone. Eu gostaria de ajudar.

Ao pegar o papel, o homem olhou fixamente para JoAnne e sorriu.

— Deus a abençoe — disse com voz branda. Depois voltou-se, deu alguns passos e ficou olhando JoAnne voltar ao carro e preparar-se para partir.

Mas quando estava prestes a se afastar do meio-fio, JoAnne pensou subitamente se, na verdade, o homem morava num daqueles apartamentos. Além do mais, ele ainda continuava de costas para a entrada do prédio. Talvez fosse um sem-teto e não tivesse para onde ir. Embora perturbada com esses pensamentos, JoAnne colocou o carro em movimento e seguiu adiante.

Depois de passar por dois outros edifícios, parou abruptamente e voltou até o prédio onde havia deixado o homem. Ela precisava saber se ele tinha realmente um lar ou se agora iria ficar sozinho outra vez.

Mas tão logo fez a volta, olhou em direção à calçada onde o homem estivera em pé segundos antes, e viu que ele havia desaparecido. O mais rápido que pôde, ela estacionou de novo junto ao meio-fio. A entrada do prédio consistia em um longo corredor sem portas que se abrissem para ele. JoAnne olhou o corredor, mas não havia ninguém à vista.

— Onde está ele? — B. B. exclamou, perplexa pelo fato de o homem ter sumido.

— Não sei, mas vamos entrar.

JoAnne desceu do carro e começou a caminhar a passos rápidos em direção ao prédio.

— Ele tem de estar em algum lugar.

Durante dez minutos, as amigas esquadrinharam toda a área do edifício, os arbustos que haviam na frente dele e a rua de cima a baixo. O homem não estava em parte alguma.

Finalmente, desistiram e voltaram ao carro de JoAnne. Sentaram-se e analisaram a impossibilidade do que acontecera. Tinham visto como o homem andava devagar; sua deficiência física não permitiria que ele caminhasse mais de três ou quatro metros durante o tempo em que JoAnne levara para fazer a volta e retornar ao local.

De repente, B. B. murmurou:

— JoAnne, e se o homem fosse um anjo?

JoAnne encostou-se no banco e olhou para a frente, pensativamente. Ela sempre havia tentado ajudar as pessoas no passado; sentia mais piedade por elas do que elas sentiam por si mesmas. Então, tinha recebido o Cadillac.

— Você acha que isso seria um teste ou algo parecido? — perguntou, voltando-se para a amiga.

B. B. assentiu com a cabeça.

— Você ainda continuaria a querer ajudar as pessoas, mesmo que isso significasse abrir as portas do seu carro novo para um homem malcheiroso, sujo e deprimente como aquele?

JoAnne pensou um momento e depois sorriu:

— Não há de fato qualquer outra explicação. Ou há?

— Realmente, não.

— Acho que jamais pensei que os anjos de Deus tivessem aquela aparência — disse JoAnne. — Mas faz sentido. Principalmente se isso foi algum tipo de teste.

— Bem, se foi um teste, eu diria que você passou com nota máxima. O que diz a Bíblia a respeito dos anjos e de sermos bondosos com eles?

JoAnne olhou em volta uma última vez e deu partida ao carro. Sorriu e voltou-se para a amiga.

— "Não deixe de cuidar dos estranhos, pois assim alguns, sem o saber, cuidaram de anjos."

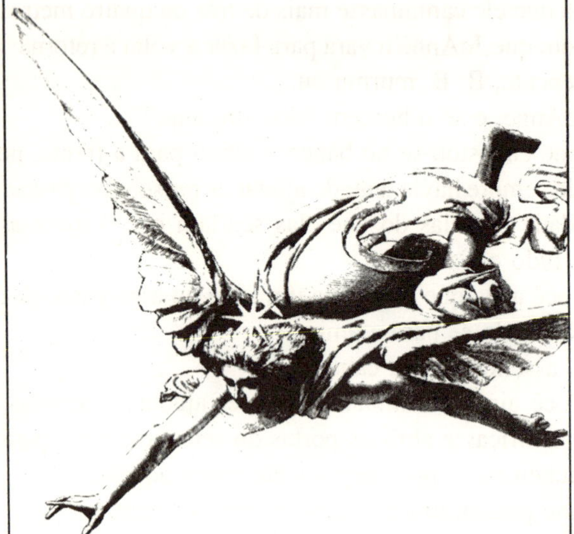

ENCONTRO Nº 5

O Anjo Pequenino

Douglas Tanner estava exausto. Depois de quinze anos de trabalho como neurologista em Boston, havia conseguido um grande número de pacientes e uma reputação igualmente impressionante. Mas Tanner pagava o preço por seu sucesso, principalmente em dias como aquele.

O hospital estava superlotado, talvez por causa das baixas temperaturas daquele janeiro de 1957, que aumentavam o índice de doenças. Além disso, ajudando a atender o grande número de pessoas que superlotavam os corredores de todos os andares do hospital, Tanner estivera mais ocupado do que o habitual com trabalhos estafantes: diversos exames e duas exaustivas cirurgias.

Tanner tirou a malha azul-marinho e arrastou-se para a cozinha, onde sua mulher, Cheri, sentada a uma mesa redonda, lia uma revista feminina.

— Um dia cansativo? — perguntou ela com um terno sorriso, levantando-se para abraçá-lo.

— Humm. — Tanner não precisava de palavras em momentos como esse. Cheri vinha fazendo parte da sua vida desde seus dias na faculdade de medicina, e sabia, apenas pelo olhar, que tipo de dia ele tivera. Tanner sentou-se lentamente, estirando as pernas e desfrutando a sensação de relaxar os músculos por todo o corpo. Aos 42 anos, estava em muito boa forma e geralmente parecia dez anos mais jovem. Nesse dia, no entanto, aparentava sua idade ou mais.

— O jantar está na geladeira — disse Cheri, inclinando a cabeça e aguardando sua reação.

— Talvez mais tarde. Neste momento só preciso de você e desta maravilhosa cadeira velha.

De repente, ouviram alguém subir correndo os degraus da porta da frente e tocar a campainha. Tanner e a mulher trocaram um olhar de perplexidade. Eram quase nove horas, estava tremendamente frio e a neve vinha se acumulando nas ruas há duas horas.

Tanner levantou-se e soltou um longo suspiro. — Quem nesse mundo poderia ser a esta hora? — Encaminhou-se para a porta da frente.

— Sim? — disse ele abrindo a porta.

Lá fora, tremendo na soleira da porta, estava uma menininha vestida de andrajos, com um casaco rasgado e sapatos velhos e rotos. Tanner achou que ela não tinha mais de cinco anos. Chorando, a menina voltou seus grandes olhos castanhos para Tanner.

— Senhor, minha mãe está morrendo — disse ela, com a voz entrecortada por soluços. Tanner sentiu seu coração se enternecer por aquela criança. Sua voz era a mais doce e límpida que jamais ouvira. — Por favor, o senhor poderia ir até lá? Nós não moramos muito longe.

Tanner não hesitou. Voltou-se rapidamente para Cheri, que estava parada atrás dele.

— Pegue meu suéter e meu sobretudo, querida. Voltarei assim que puder.

Cheri sorria enquanto ia buscar os agasalhos e observava o marido se vestindo. Ele havia escolhido a profissão de médico porque gostava de ajudar as pessoas. Agora, com a vida de uma delas em perigo, não iria pensar em como estava cansado até que voltasse para casa, com a paciente medicada e a salvo.

Tanner pegou na mão da menininha e ambos saíram para a rua, enfrentando a tormenta lá fora. A menos de duas quadras de distância, num setor de apartamentos residenciais, a menininha entrou por uma porta e guiou Tanner para o alto de dois lances de escadas.

— Ela está lá dentro — disse a menininha, apontando para um quarto no final de um corredor estreito.

Tanner caminhou rapidamente em direção ao quarto e lá encontrou uma mulher muito doente, com uma febre alta que fazia seu corpo franzino tremer. Ela estava quase delirando, com os olhos fechados, enquanto se contorcia embaixo dos lençóis, gemendo ininteligivelmente. Tanner concluiu de imediato que ela estava com pneumonia, e ele precisava fazer com que a febre baixasse, se é que havia alguma chance de salvar a vida da tal mulher. Durante mais de uma hora, cuidou da mulher, resfriando sua pele seca e quente com compressas, e providenciou para que ela fosse transportada para o posto médico mais próximo.

Por fim, quando a febre começou a diminuir, a mulher abriu devagar os olhos, piscando por causa do brilho da luz. Vendo que o médico ainda trabalhava incansavelmente para refrescar-lhe o corpo com trapos úmidos, ela agradeceu por ele ter vindo.

— Como o senhor me encontrou? — perguntou ela timidamente. — Estou doente há muito tempo. Poderia ter morrido sem a sua ajuda. Como posso lhe agradecer?

Tanner sorriu. — Sua filhinha salvou-lhe a vida. De outra maneira, eu jamais saberia que a senhora estava aqui. Agradeça a ela. Essa doce criança enfrentou bravamente uma noite fria e tempestuosa como esta, caminhando pelas ruas até me encontrar. Ela devia estar muito preocupada com a senhora.

Uma expressão de sofrimento e espanto apareceu nos olhos da mulher.

— Sobre o que o senhor está falando? — perguntou ela; sua voz não era mais que um murmúrio abafado.

Tanner ficou confuso.

— Sua filhinha — repetiu ele. — Ela foi à minha casa e me trouxe até aqui. Foi assim que encontrei a senhora.

A mulher começou a balançar a cabeça e, colocando a mão na boca, como que tentando reprimir um grito, disse:

— O que foi? O que há de errado? — Tanner tomou a mão da

mulher nas suas e tentou abafar todo aquele pânico. — Sua filhinha está bem.

— Senhor... — lágrimas rolavam pelo rosto da mulher até que, finalmente, ela pôde recuperar as forças para falar. — Minha filhinha morreu há um mês. Ela ficou doente durante semanas e... — fez uma pausa por alguns instantes, deixando pender a cabeça e soluçando.

Tanner deu um passo atrás, atordoado com a história da mulher.

— Mas ela bateu à minha porta e me guiou até aqui! Vim segurando a sua mão e ela me mostrou onde a senhora estava.

O choro da mulher ficou mais forte e ela apontou para um armário no seu acanhado quarto.

— Ali — disse entre soluços. — Ali é onde eu guardo as coisas dela desde que ela morreu.

Tanner encaminhou-se lentamente em direção ao armário, quase adivinhando o que iria ver antes de realmente ver. Abriu a porta de supetão e lá estavam o casaco roto usado pela menininha há apenas uma hora, dependurado e totalmente seco, e os sapatos velhos dispostos no chão do armário.

— Estas coisas pertenciam à sua filha? — perguntou ele, voltando-se para a mulher.

— Sim, senhor — disse ela, enxugando o rosto umedecido com as mangas da camisola.

Tanner voltou a olhar os pequeninos sapatos e o casaco.

— A menina que me guiou até aqui estava usando este casaco e estes sapatos — disse ele, quase como se falasse para si mesmo.

De repente, voltou-se e correu em direção à sala onde havia visto a menininha pela última vez. Não a encontrando, percorreu rapidamente todo o apartamento, indo de um cômodo a outro. A criança havia desaparecido. Depois que terminou sua busca, voltou para perto da mulher.

— Ela desapareceu — disse ele categoricamente.

A mulher assentiu com a cabeça e, de repente, sua fisionomia abriu-se num sorriso, substituindo as lágrimas por um estranho e tranqüilo olhar.

— O anjo da minha filha voltou para me ajudar. De que outra maneira o senhor pode explicar o que aconteceu?

Tanner balançou a cabeça lentamente. Ele não tinha resposta para a mulher. Voltou a passos lentos para casa nessa noite, meditando sobre o imponderável e sobre a vida. Ele tinha sido agraciado com o conhecimento da medicina, um conhecimento que geralmente significa a diferença entre a vida e a morte de um paciente. Mesmo assim, havia muitas coisas que não sabia, tantas que ele jamais compreenderia nesta vida.

Anos mais tarde, ele contava a história da pequenina criança que, embora morta há mais de um mês, o havia tirado de casa, de algum modo, para socorrer a mãe moribunda. E ainda tinha a mesma sensação de pasmo que tivera naquela noite fria e tempestuosa. Embora não houvesse nenhuma explicação terrena para o que aconteceu naquela noite em Boston, ele acreditava, em seu íntimo, que a mulher tinha razão. A menina deve ter sido um anjo. Um anjo pequenino.

ENCONTRO Nº 6

Uma Lembrança Angelical

Quando a mãe falou com ela a respeito da idéia, Amber Cook ficou muito irritada.

— Texas! — gritou a filha do pastor, exasperada. Ela crescera no sul da Califórnia e gostava das praias, do brilho do sol e da atmosfera da cidade onde morava, Fullerton. — Odeio o Texas. Não irei para o Texas de maneira nenhuma.

O plano, explicou a mãe, era Amber se encontrar com uma de suas amigas da igreja, no Texas, onde se juntariam a um grupo de oito cantores chamado *Departure*, que iria viajar pelo país, visitando igrejas durante um ano.

— Será bom para você, Amber — disse-lhe a mãe com voz firme. — Quero que, pelo menos, pense nisso: Você só está procurando um jeito de sair desta cidade por algum tempo.

Amber, uma bonita loira de olhos castanhos, cuja voz rivalizava com a de qualquer cantora profissional, estava na ocasião tendo problemas para fazer com que um antigo namorado deixasse de procurá-la. Por isso, quando a mãe ouviu falar da proposta, pensou que a viagem iria proporcionar à filha a chance de se afastar do jovem.

Amber estremecia ao pensar em viajar um ano por pequenas cidades do interior. Ela sempre morou no sul da Califórnia desde que freqüentava o ginásio, e sabia que iria sentir falta dos amigos. Mas também adorava cantar. Amber havia encantado os ouvintes locais, desde os quatro anos de idade, e já fora procurada diversas vezes por caçadores de talentos. Já chegara a ter até um grupo de fãs na grande congregação da qual seu pai era pastor. Algum dia, dizia sempre para si mesma, iria seguir a carreira de cantora profissional. E, embora ainda não estivesse pronta para iniciar essa carreira, a idéia de cantar quase todos os dias durante um ano era tentadora.

Por fim, o desejo de partilhar sua fé através do canto tornou-se mais forte do que sua aversão por cidades pequenas. Amber concordou em ir de avião para o Texas e passar uma semana com Frank e Ruth, companheiros de igreja da sua mãe, e com os outros componentes do *Departure*.

Num final de semana, sem pensar na falta dos encantos da cidade grande, Amber viu-se empolgada com a idéia. Foi para casa, passou uma semana fazendo as malas e se despedindo da família e dos amigos, e então voou para encontrar o grupo em Baton Rouge, na Louisiana. O grupo viajava de cidade em cidade no *trailer* de Frank e Ruth. Cada noite cantavam numa igreja diferente, na esperança de tocar o coração dos presentes.

Em geral, depois da apresentação, coletavam pequenos donativos que cobririam as despesas com alimentação e combustível até chegarem ao próximo destino.

Durante as primeiras semanas, Amber sentiu uma indescritível alegria ao cantar canções que falavam de Jesus para igrejas cheias de gente. Havia muitas maneiras de falar às pessoas a respeito do amor de Deus, e ela fazia isso cantando. Amber sentia como se Deus tivesse um objetivo para a sua vida, e mal podia esperar pela apresentação de cada noite.

Mas, à medida que o tempo passava, a alegria de cantar começou a diminuir em vista das circunstâncias em que se encontrava o grupo. De repente, Amber viu-se pensando na inconveniência de viver num *trailer* com outras sete pessoas. De vez em quando, os pneus furavam, o motor quebrava, e havia épocas em que os recursos do grupo eram tão minguados que não se sabia de onde poderia vir a próxima refeição. Além disso, Frank tinha um coração que, na opinião de

Amber, era generoso demais. Se uma pessoa necessitada cruzasse seu caminho, Frank compraria um sanduíche para ela com o dinheiro reservado para o jantar, acreditando sempre que Deus, de algum modo, iria prover o sustento do grupo. Embora jamais tivessem ficado sem comer, Amber ainda assim se preocupava com o total desprendimento de Frank.

Uma noite, depois de três meses viajando, o grupo parou numa pequena cidade costeira do sul para jantar num restaurante italiano. Há semanas não comiam outra coisa, além de sanduíches e refrigerantes. Mas as contribuições da noite anterior tinham sido suficientes para Frank decidir que poderiam jantar sentados a uma mesa.

Quando os componentes do grupo chegavam ao restaurante, viram um homem vestido de farrapos, com o rosto coberto de sujeira e o cabelo em desalinho.

— Pronto — murmurou Amber para si mesma, contrariada. — Lá vai Frank convidá-lo para jantar.

Ao chegarem mais perto do homem, Amber ficou horrorizada ao ver Frank parar e iniciar uma conversa com ele. Ela se aproximou para poder ouvir o que eles diziam e, subitamente, viu-se invadida pelo mau cheiro do corpo do homem e do seu hálito de álcool azedo. Afastando-se, Amber imaginou que há meses aquele homem tomara o seu último banho. Enojada, pensou consigo mesma: esse homem não tem o mínimo de amor-próprio!

Pela conversa, Frank soube que o homem não tinha família, vivia nas ruas desde o ano anterior e precisava de algum dinheiro para comer. Frank sorriu. Havia apenas um meio de saber se o homem usaria o dinheiro para comprar comida.

— Não posso lhe dar dinheiro — disse ele gentilmente. — Mas gostaríamos que o senhor jantasse conosco. É o nosso convite.

O desabrigado olhou desconfiado.

— O senhor vai me trazer comida? — perguntou, recusando-se a acreditar que Frank quisesse realmente que um homem como ele fosse jantar com o grupo.

— Não, naturalmente não! — disse Frank, apontando para a

porta do restaurante, onde o gerente os observava enquanto conversavam.

— Vamos entrar! Jante conosco.

O homem olhou para os componentes do grupo, com os olhos fixos em Amber. Depois, encolheu os ombros e levantou-se.

— Qual é o seu nome? — perguntou Frank, enquanto entravam no restaurante.

— Gus.

Amber deixou-se ficar para trás do grupo e revirou os olhos, frustrada. Agora, teriam de sentir o cheiro daquele homem imundo durante a próxima hora e ninguém iria apreciar a refeição. Balançou a cabeça e seguiu os demais para dentro do restaurante. Aquela viagem, na verdade, não era o que ela esperara.

Uma vez lá dentro, o gerente indicou-lhes uma mesa perto dos fundos de um grande salão quadrado. Amber sentou-se primeiro e esperou que os outros ocupassem os lugares a seu lado. Quando todos já haviam sentado, ela descobriu, horrorizada, que o lugar ao seu lado ainda estava vazio. O indigente continuava em pé, ao lado, indeciso se devia realmente juntar-se ao grupo à mesa para um jantar convencional. Parecia embaraçado e olhava para suas roupas sujas e rasgadas.

— Vou lá fora e fico esperando — disse ele subitamente. — Se quiserem, poderão levar alguma coisa para eu comer.

Frank levantou-se e balançou a cabeça.

— De maneira nenhuma — disse ele, apontando para a cadeira ao lado de Amber. — Sente-se ali.

Amber afastou-se tanto quanto possível da cadeira vazia e orou para que não viesse a perder o apetite. Já se sentia sufocada pelo fétido odor do homem.

Ignore-o, disse para si mesma, decidida a desfrutar a comida a despeito da presença do homem.

Depois de todos terem feito seus pedidos, o homem olhou para Frank e começou a falar.

— De onde vocês são? — perguntou, passando o olhar por todos os que estavam à mesa.

Frank falou em voz alta.

— Somos um conjunto de cantores cristãos em excursão. O nome do nosso conjunto é *Departure* — disse ao homem. Amber fingiu que estava examinando os talheres e disse para si mesma, com ironia: se fôssemos realmente um conjunto de cantores em excursão, deveríamos dispor, na verdade, de algo mais confortável do que o que estamos tendo nas atuais circunstâncias.

— Cristãos, hein? — perguntou Gus ambiguamente. — Bem, cristãos, tenho algumas perguntas para vocês.

O homem aguardou até que todos, até Amber, estivessem olhando para ele com atenção.

— Vocês estão sempre falando a respeito de como Deus nos ama. Como acham que eu posso acreditar nisso? Olhem para mim, vivendo nas ruas. Se Deus me ama, por que não me tira das ruas?

Frank olhou em volta para o grupo, esperando para ver se alguém queria responder à pergunta. Como todos permanecessem calados, ele se voltou para Gus.

— Bem, Gus, o amor de Deus não se revela em roupas finas e em estilos de vida confortáveis — começou. — Mas posso provar que Deus o ama.

O homem ergueu uma sobrancelha e resmungou: — Tudo bem. Então prove!

— Você já ouviu falar de Jesus?

O homem assentiu.

— Jesus morreu por nós, Gus. Você não sabia disso? — perguntou Frank.

— Já ouvi falar nisso, mas acho que, realmente, isso nunca fez muita diferença para mim.

Nesse instante, Ruth começou a falar:

— Se não houvesse mais ninguém no mundo, ainda assim Jesus teria morrido por você. Ele o ama muito — disse ela com voz meiga. — Naturalmente, só depende de você querer acreditar que Ele é quem diz ser. Todos nós temos o direito de recusar sua dádiva de vida eterna.

Dois outros componentes do grupo concordaram em uníssono.

— Você sabe por que Ele morreu, não sabe? — um deles perguntou.

Gus balançou a cabeça: — Na verdade, não.

À medida que a conversa prosseguia, Amber esqueceu a sujeira do homem e demonstrou um profundo interesse pela conversa. Criada num lar cristão, jamais tivera por perto alguém que soubesse tão pouco sobre Jesus quanto aquele homem. Ela acreditava que todos haviam tido o mesmo tipo de educação que lhe fora dada. Virou-se na cadeira para poder vê-lo melhor.

— Jesus morreu para remir os nossos pecados — disse Frank com simplicidade. — Basicamente, é por causa Dele que você é um homem livre, Gus.

— Um homem livre? Eu sempre fui livre.

— Não verdadeiramente — interveio Amber. Os outros olharam para ela, surpresos. Então ela se voltou mais uma vez para Gus. — Quando estamos livres em Cristo, nossa situação, na verdade, não tem mais importância. Tudo o que importa é que Ele está conosco, que Ele nos ama e que zelará por nós até o fim.

Quando Amber acabou de falar, suas palavras atingiram a todos com uma tremenda força. Durante semanas ela estivera se queixando do alojamento apertado no *trailer* e de outras inconveniências de viver na estrada. Entre resmungos e reclamações, tinha esquecido o motivo pelo qual concordara em participar do grupo. Não havia escolhido esse modo de vida por causa do ambiente confortável ou porque receberia um tratamento especial por parte dos outros. Seu propósito era apenas falar às pessoas sobre Jesus. Agora, aquele homem sentava-se ao seu lado, ansioso pela verdade de uma mensagem que ela havia aprendido desde a infância. Uma onda de humildade derramou-se sobre Amber, e ela, em silêncio, pediu perdão a Deus por ter criticado o desconhecido.

Durante os trinta minutos seguintes, os componentes do grupo contaram ao homem histórias de suas vidas, testemunhos que detalhavam a certeza que tinham de que Deus estava ao lado deles. Por fim, o homem pareceu compreender. Ele tinha até um olhar diferente, como se houvesse esperança na sua vida, quando apenas uma hora atrás não havia nenhuma.

— Venha conosco — disse Frank, enquanto o grupo se preparava para sair. — Nós o levaremos até a próxima cidade. Há uma grande igreja lá e nós o deixaremos com alguém que possa ajudá-lo.

Gus assentiu distraidamente, olhando para um relógio na parede.

— Antes, preciso ir ao banheiro — disse ele, levantando-se e caminhando rapidamente em direção à porta da frente do restaurante.

Frank e os outros observaram quando ele saiu. Passado menos de um minuto, Frank levantou-se.

— Vou me certificar de que ele está bem. Ele pode precisar de ajuda.

Os outros levantaram-se ao mesmo tempo e combinaram encontrar Frank e Gus fora do restaurante. Depois de alguns minutos, Frank saiu com uma expressão de perplexidade.

— Não o encontrei em parte alguma — disse ele. — Não está no banheiro e perguntei ao pessoal da cozinha. Tampouco passou pela cozinha. Ele não saiu por esta porta?

Os componentes do grupo examinaram toda a rua e balançaram a cabeça.

— Nós não o vimos — disse um deles.

Frank voltou para dentro do restaurante e dirigiu-se ao gerente, cuja mesa estava exatamente ao lado da porta de entrada.

— O senhor viu um homem de idade indefinida, com roupas rasgadas e...

— Ah, o senhor está se referindo ao vagabundo que vocês trouxeram para jantar com vocês? — perguntou o gerente.

— Sim, ele saiu por aqui?

— Não. Fiquei neste posto durante toda a última meia hora e ele não passou por aqui.

Frank caminhou lentamente para fora, balançando a cabeça. Havia apenas três saídas no restaurante: a saída de emergência, que teria feito soar uma sirene muito alta se tivesse sido aberta; a porta de serviço da cozinha; e a entrada principal. Ninguém tinha visto Gus perto de nenhuma dessas saídas.

— Não posso entender o que aconteceu. É como se ele tivesse simplesmente desaparecido — disse Frank, ainda examinando o vestíbulo do restaurante e olhando da porta da frente para um lado e outro da calçada.

Nesse momento, Amber sentiu que sabia a verdade.

— Vocês não acham que talvez... — começou ela, e ficou em silêncio. O pai dela tinha sido um pastor durante anos e acreditava em todas as verdades que a Bíblia ensinava. Por causa disso, houve ocasiões nas quais ele falara a respeito de anjos em seus sermões.

— Eles são reais — ele dissera um dia à filha. — Porque Deus diz que eles são reais.

Frank olhou para ela por um momento e então compreendeu:

— Você quer dizer que ele talvez fosse um anjo?

Amber assentiu com a cabeça.

Frank olhou outra vez para a rua, buscando algum sinal do homem.

— Acho que jamais saberemos.

Porém, de repente, Amber teve a certeza de que Deus enviara o homem para lembrá-la do seu objetivo — não apenas do seu objetivo enquanto viajava com o *Departure*, mas do seu objetivo na vida. Hoje, onde quer que veja alguém menos afortunado que ela, lembra-se de Gus e de um versículo da Bíblia na carta de São Paulo aos Hebreus:

"Não vos esqueçais da hospitalidade, porque graças a ela alguns, sem saber, acolheram anjos."

ENCONTRO Nº 7

O Anjo que Usava um Distintivo

Joshua Jones tentava desesperadamente permanecer acordado. Ele tinha sido o principal pregador num abrigo nas montanhas próximas a Flagstaff, no Arizona, e agora, às onze e meia da noite, rodava nas remotas paragens da 17ª estrada interestadual, de volta a Phoenix. Fazia muito calor e o ar condicionado do seu carro tinha deixado de funcionar no começo da semana. O ar quente e a estrada solitária faziam com que Joshua cochilasse de vez em quando. E ele estava achando quase impossível se concentrar na direção.

— Vamos, Senhor — suplicava em voz alta —, mantenha-me acordado. Apenas até a próxima área de lazer.

Menos de um minuto depois, Joshua viu luzes piscando em seu espelho retrovisor. Durante milhas, não houvera quase nenhum tráfego naquela estrada, e a região em que viajava era completamente isolada. Joshua, que dirigia descalço, lutou para calçar os sapatos enquanto guiava o carro, e ao mesmo tempo curioso por saber o que um policial estaria fazendo naquele lugar. Uma coisa era certa: a aproximação do policial o fizera acordar por completo.

Parou o carro ao lado da estrada, já com os pés calçados, e observou no espelho o policial se aproximar. Ele usava o uniforme padrão da patrulha rodoviária, e estava sorrindo. Joshua havia recebido apenas duas multas na vida, mas nenhuma delas de um policial sorridente.

— Boa noite, seu guarda — disse Joshua ao patrulheiro parado ao lado da sua janela aberta.

— O senhor está bem? — perguntou ele, curvando-se um pouco e olhando para Joshua com um olhar penetrante. Joshua notou no seu distintivo o número 37.

O oficial sorriu: — Pelo menos o senhor agora está calçado.

Joshua ficou embaraçado. Como o policial sabia dos seus sapatos? Antes que pudesse fazer a pergunta, o policial falou outra vez.

— O senhor está dirigindo há muito tempo e já é bem tarde. Quase adormeceu ali atrás, não foi?

— Ah, sim — Joshua gaguejou. — Eu realmente estava lutando para ficar acordado. Talvez o senhor possa me dizer onde fica a próxima área de estacionamento.

— Melhor ainda, eu o levarei até lá — disse o policial. — O senhor passou o fim de semana ajudando os outros; agora é a sua vez de receber uma pequena ajuda.

O policial se voltou e ia se afastando.

— Espere! — gritou Joshua. — O senhor não vai me multar ou outra coisa qualquer?

O policial olhou para ele calmamente e balançou a cabeça.

— Não há nenhuma multa. Eu apenas queria ter a certeza de que o senhor estava bem. Como sabe, esse é o meu trabalho.

Joshua assentiu com a cabeça, confuso com a estranha explicação do policial. Como o patrulheiro sabia a respeito da distância de sua viagem ou que ele estivera ajudando as pessoas no abrigo? Joshua continuou a levantar hipóteses, enquanto seguia atrás do policial pela estrada, por muitos quilômetros em direção a Phoenix. Agora, ao dirigir, alegrava-se por não estar mais cochilando. O fato de ser abordado por um policial fizera sua adrenalina aumentar o suficiente para mantê-lo acordado durante algum tempo.

Finalmente, o policial ligou a seta para avisar que deixaria a estrada na próxima saída. Ao se aproximarem de uma ladeira, ao lado da estrada, o policial saiu primeiro fazendo uma rápida curva no início da saída em aclive. Quando Joshua o seguiu, fazendo a mesma curva, subitamente perdeu a motocicleta de vista. Parou o carro e olhou em volta. Bem à sua frente havia um estacionamento e uma área de lazer completa, com um posto de gasolina e um restaurante que ficava aberto a noite toda.

A instalação era perfeita. Joshua poderia parar por uma hora, tomar café e talvez manter uma conversa com o policial, para depois voltar à estrada sem receio de adormecer. Ainda sem poder ver o policial, Joshua achou que, provavelmente, ele estaria estacionando sua motocicleta em algum lugar próximo ao restaurante.

Joshua entrou no estacionamento, saiu do carro e esperou. Depois de cinco minutos, caminhou pela área de lazer com o intuito de encontrar o policial que o havia guiado em segurança. Finalmente, procurou-o em todos os lugares possíveis; o patrulheiro havia sumido.

Anos de trabalho no ministério cristão, servindo na igreja de sua cidade, não o haviam preparado para a sensação que o invadiu naquele instante: de repente ele compreendeu. Havia apenas uma maneira de o policial saber a respeito do seu fim de semana e dos seus pés descalços.

O policial devia ser um anjo enviado por Deus para evitar que ele adormecesse. E Joshua tinha a certeza de que adormeceria em questão de minutos, se não fosse o policial.

Havia ainda outro meio de descobrir alguma coisa a respeito disso. Lembrando-se claramente do número do distintivo, Joshua dirigiu-se ao restaurante e foi até um telefone público, exatamente ao lado da porta da entrada. Encontrou o número da patrulha rodoviária da região, que constava nas Páginas Amarelas da cabine telefônica e discou.

— Preciso saber o nome de um policial — disse ele à recepcionista. — Ele me deu uma pequena ajuda há alguns momentos e eu quero agradecer.

— Número do distintivo?

— Três, sete — disse Joshua, lembrando-se com clareza de cada número que tinha visto no distintivo.

Houve uma pausa.

— Três, sete. Só isso?

— Sim.

— O senhor tem certeza?

— Sim, disse Joshua. — Positivo.

— Bem, o senhor deve estar enganado — disse ela de modo estranho. — Não temos nenhum policial com esse número no distintivo. Nem algo aproximado. Nossos oficiais têm números com três dígitos.

Era verdade, disse Joshua consigo mesmo, enquanto recolocava o telefone no gancho. A partir desse momento, Joshua passou a acreditar que o policial era um anjo, enviado para salvá-lo da morte certa se tivesse adormecido enquanto dirigia na estrada interestadual.

— Obrigado, Senhor — disse ele em voz baixa, olhando para o céu, na noite coberta de estrelas, antes de voltar para o carro. — Obrigado por me proteger.

ENCONTRO Nº 8

O Rosto do Pai

Joanie Everett sempre fora muito ligada ao pai. Quando menina, na Pennsylvania, seu pai, Larry Everett, chegava do trabalho e passava horas brincando com ela.

Nos anos 40 e 50, quando Joanie chegava à adolescência e depois à idade adulta, os dois continuavam a ser muito unidos. Ambos tinham paixão por exercícios físicos e pela vida ao ar livre, e freqüentemente davam longas caminhadas em torno do lago próximo à sua casa. Larry era o seu mais feroz protetor e o primeiro a ficar sabendo quando ela enfrentava alguma dificuldade na vida. Sua casa foi sempre o lar de uma família amorosa e alegre.

Então, quando Joanie estava apenas com 25 anos, seu pai descobriu que tinha câncer. Ele morreu poucos meses depois. A perda do homem que havia sido o centro da sua vida foi atordoante, e durante meses sua mãe ficou preocupada com a filha, imaginando se ela voltaria a ser a mesma.

Desde a morte do pai, Joanie havia deixado de freqüentar a faculdade e seu trabalho limitava-se à limpeza da casa e à arrumação do minúsculo quarto no qual havia crescido. Ela também emagreceu, e apareceram olheiras projetando sombras sobre seus olhos azuis, outrora tão brilhantes.

— Joanie, você precisa sair de casa, encontrar pessoas — dizia Sarah Everett à filha. — Seu pai jamais ia querer que você ficasse definhando assim, por ele não estar mais aqui.

Joanie sabia que a mãe tinha razão, mas havia um vazio em seu coração que ela não podia explicar e do qual não podia fugir. Passaram-se meses sem que houvesse nenhuma alteração no estado de Joanie. Então, um pouco antes do aniversário da morte de Larry, Joanie e duas amigas, Jill e Pamela, resolveram caminhar na beira do lago que fora um dos lugares favoritos de Larry Everett.

— Não estou certa de que devemos fazer isso — disse Joanie, quando ela e as outras saíram do carro e depois andaram na direção do lago. Algumas partes do caminho eram íngremes, e Joanie achava que não teria forças para escalar as subidas, sem falar nas lembranças que certamente iria enfrentar.

— Vamos, Joanie. Chegou a hora — disse Jill, segurando-a gentilmente pelo braço e levando a débil moça de cabelos castanhos em direção à trilha.

Joanie concordou:

— Eu sei. É agora ou nunca. — Respirou profundamente e dirigiu-se para o lago, seguindo as duas amigas.

Durante quase trinta minutos o trio caminhou em silêncio, cada uma mergulhada em seus próprios pensamentos. Joanie obrigava a si mesma a seguir em frente, enquanto as lembranças de seu pai a assediavam com uma força quase física. As três amigas fizeram uma curva para se aproximar do trecho mais íngreme da escalada. O caminho prosseguia até o alto da colina e lá se nivelava numa chapada de mais ou menos 45 metros. No alto da colina, um banco marcava o lugar onde Joanie e seu pai freqüentemente se sentavam e conversavam, quando iam ao lago.

Joanie engoliu em seco e olhou diretamente para a frente. Ela deveria subir a colina sem pensar, enfrentando cada lembrança ao longo do caminho e recusando-se a se entregar à esmagadora sensação de tristeza.

Então, de súbito, viu alguém no alto do morro à sua frente.

Um homem alto, com uma capa impermeável, em pé na chapada, olhava para o lago. De onde estava, o homem parecia exatamente o seu falecido pai. Joanie deu um grito sufocado, mas suas amigas pareceram não a ter ouvido, e o trio continuou a subir a colina. Enquanto isso, Joanie mantinha os olhos fixos no homem e, de repente, sentiu como se um peso estivesse sendo retirado de seus ombros. Quando estavam a cerca de apenas dez metros do homem, ele se voltou para Joanie e sorriu aquele mesmo sorriso afetuoso e tranqüilizador que só Larry Everett tinha.

As amigas de Joanie, contudo, pareceram ignorar a presença do homem e prosseguiram, passando por ele sem parar. Quando Joanie estava a mais ou menos um metro dele, parou e olhou nos olhos do homem. Ele deu uma piscadela, sorriu mais uma vez, e então se dirigiu lentamente para o lago.

Nesse momento, Joanie não teve dúvidas de que aquele homem era o seu pai. Era impossível alguém se parecer tanto com ele e ser outra pessoa. Ela instintivamente parecia saber que não havia necessidade de lhe fazer perguntas ou de entabular uma conversa com ele. Uma serena convicção a invadiu. E continuou sua caminhada sem sequer olhar para trás na direção do homem. Mais tarde, no sopé da colina, pediu às amigas que parassem por um momento.

— Vocês o viram? — perguntou ela. De imediato, as amigas notaram algo diferente no olhar de Joanie. Afinal, depois de meses de tristeza, ela parecia em paz consigo mesma.

— Quem? — indagou Jill, com um olhar de espanto.

— É, quem? — falou Pamela.

Joanie ergueu a cabeça.

— Aquele homem, lá no alto da colina — voltou-se e apontou na direção da colina, mas o homem tinha desaparecido. — Ele estava lá em cima, perto do banco.

Jill e Pamela asseguraram a Joanie que não tinham visto ninguém no alto da colina. Nesse momento, Joanie sentiu outra onda de paz e mais uma vez soube, por alguma razão, que não era necessário falar a respeito do que havia acontecido.

— Não tem importância — disse Joanie rapidamente, retomando a caminhada. — Deve ter sido a minha imaginação.

Jill e Pamela encolheram os ombros. Joanie ficou grata por elas terem esquecido o assunto. Quem quer que fosse o homem, ele lhe havia dirigido um olhar de pai que tanto lhe fizera falta, e fez com que ela readquirisse a confiança da qual necessitava desesperadamente. Por enquanto, iria guardar o incidente consigo mesma e desfrutá-lo. E mesmo que alguém mais viesse a duvidar disso, daí em diante Joanie ficou convencida de que um anjo, extraordinariamente parecido com seu pai, estivera e sempre estaria cuidando dela.

Essa intuição foi confirmada cinco anos mais tarde, quando Joanie estava trabalhando em Washington, D.C., perto do Smithsonian Institute. Ela fora à cidade para almoçar e estava retornando pela 10ª Avenida, quando parou na beira da calçada, esperando o sinal fechar.

Subitamente, sentiu a pressão firme de uma mão em seu ombro que a puxava para trás, afastando-a do meio-fio. A força dessa mão era tão grande que quase a atirou ao chão. Nesse mesmo momento, um ônibus que trafegava pela 10º Avenida virou à direita no cruzamento e subiu no meio-fio, exatamente onde Joanie estivera parada. Se ela tivesse permanecido naquele lugar, teria sido morta.

Ela se voltou imediatamente para agradecer à pessoa que a tinha salvo, mas não havia ninguém a menos de vinte metros dela. Mais uma vez, sentiu uma irresistível sensação de paz e segurança.

Joanie está convencida de que a pessoa que salvou a sua vida não era deste mundo, e de que, se a tivesse visto, notaria nela uma grande semelhança com seu falecido pai.

ENCONTRO Nº 9

Proteção Divina

Muito tempo antes de ele e sua esposa, Jenny, terem viajado para as ilhas New Hebrides com a finalidade de difundir a palavra de Deus —, o reverendo Stewart G. Michel se sentira atraído pelo trabalho missionário.

Ele havia completado seus estudos e seu período de treinamento, e finalmente em 1973, ele e Jenny embarcaram, numa viagem cheia de escalas, e mudaram-se para as ilhas.

— Você está com medo, Stewart? — perguntou Jenny em voz baixa, diante da choupana coberta de palha, de apenas um cômodo, onde iriam viver e trabalhar como missionários durante o próximo ano.

Stewart sorriu tranqüilamente. Jenny estava mais preocupada do que ele com os obstáculos que eles, com certeza, teriam de enfrentar nas ilhas. Doenças, animais ferozes e nativos selvagens, ao que parecia, tudo isso faria parte de suas vidas no ano seguinte. Mas Stewart não estava preocupado, e gentilmente tomou as mãos de Jenny nas suas.

— Querida, você sabe que aqui estaremos bem — disse ele, tranqüilizando a esposa. — Deus nos protegerá.

Jenny assentiu com a cabeça, olhando com ansiedade à sua volta. Tudo parecia tão estranho, tão completamente diferente de qualquer coisa que já tinha visto. Não havia supermercados, estradas pavimentadas, nada para oferecer a segurança que ela conhecera durante toda a sua vida.

— Você está preocupada, não está? — perguntou Stewart apertando a mão dela e olhando em seus olhos de um azul penetrante.

Jenny sorriu nervosamente. — Isso está tão óbvio assim?

— Sim — replicou Stewart com empatia. — Escute. Eu, na verdade, compreendo. Mas temos orado pedindo a proteção de Deus, Jenny. Você crê que Ele nos ouve?

Jenny assentiu de imediato. — É claro que creio.

— Bem, então devemos ter confiança. Deus nos trouxe para cá por algum motivo, e Ele vai nos proteger.

Já haviam conversado centenas de vezes enquanto se preparavam para essa missão. Mas agora, a poucos metros de seu novo lar, havia alguma coisa mais real a respeito da confiança que Jenny sentia. Ela sorriu e saltou do furgão amassado, puxando Stewart para junto de si.

— Está bem. Então vamos — disse sem hesitação na voz. — Temos uma missão a cumprir.

Isso tinha acontecido há seis meses. Haviam aprendido a lidar com as doenças, equipados como estavam com diversos medicamentos e vacinas. E tinham desenvolvido vários métodos para manter afastados os animais selvagens que viviam na mata perto de sua casa. E o que era melhor, estavam encontrando amplas oportunidades para prosseguir com a divulgação da Bíblia em toda a região e para ensinar às tribos locais a respeito de sua fé. Mas havia uma tribo — famosa pelas bárbaras técnicas de combate — que, a cada dia, se mostrava mais hostil com eles. Há semanas esses selvagens vinham ameaçando atacar os Michels e matá-los, pelo fato de estarem interferindo com as antigas tradições tribais, ensinando a seu povo um novo e estranho modo de pensar.

Finalmente, essa tribo fez planos para cumprir suas ameaças. Já era tarde da noite de 23 de junho, quando os Michels, deitados em sua pequena cama, ouviram o som de gritos de guerra cada vez mais altos.

— Eles estão vindo para cá, Stewart — sussurrou Jenny horrorizada na escuridão da sua cabana.

Stewart concordou. — Continue orando, Jenny, continue orando.

Jenny apertou os olhos firmemente, tentando tirar os sons assustadores da sua mente. Mas eles se aproximavam cada vez mais até que guinchos agudos e estridentes cercaram a habitação dos Michels.

Stewart começou a orar em voz alta.

— Pai Celestial — começou ele — disseste que pedíssemos qualquer coisa que estivesse ao Teu alcance. Estamos diante de Ti e agora pedimos que nos proteja como o fizeste no passado. Por favor, livra-nos do perigo em que estamos.

Durante quase uma hora, os sons continuaram do lado de fora da cabana. No final dessa hora, os Michels viram luzes agitando-se ao redor da casa.

— Fogo! — sussurrou Stewart, estreitando Jenny nos braços. — Continue a orar. Acho que estão querendo atear fogo à casa.

Jenny, ofegante, enterrou o rosto no ombro de Stewart.

Passaram-se mais quinze minutos, enquanto os Michels prosseguiam orando por proteção. Então, de repente, os gritos começaram a diminuir e foram ficando cada vez mais distantes.

— Eles estão indo embora! — disse Jenny, começando a ficar menos tensa.

O casal, de ouvidos atentos, percebeu que os selvagens iam se afastando mais e mais. Por fim, os sons ameaçadores desapareceram totalmente.

— Obrigado, Pai — disse Stewart em voz alta, fitando o céu. — Obrigado por nos proteger. Obrigado por nos salvar.

Três meses se passaram e os Michels não tinham explicação para o motivo pelo qual os homens daquela tribo decidiram não matá-los naquela pavorosa noite. Então, numa estranha mudança, no desenrolar dos acontecimentos, o chefe daquela tribo procurou os Michels e começou a fazer perguntas a respeito do trabalho missionário deles e sobre Jesus. Antes do fim do ano, o chefe converteu-se ao Cristianismo. Nessa ocasião, Stewart Michel resolveu fazer a pergunta que estava gravada em sua mente há quase um ano.

— Por que vocês não nos mataram naquela noite? — perguntou ele, olhando fixa e tranqüilamente nos olhos do chefe.

O chefe curvou a cabeça.

— Nós tentamos — disse ele. — Mas seus guardas não nos deixaram passar.

Stewart estreitou os olhos, confuso. — Que guardas?

O chefe abriu os braços, dramaticamente.

— Centenas de guardas, homens grandes que usavam roupas brilhantes, com espadas e tochas nas mãos — disse ele, excitado, num inglês macarrônico. Mas o missionário entendeu cada palavra.

— De onde eles vieram? — perguntou, perplexo com a história do chefe sobre o que tinha acontecido naquela terrível noite.

— Seus guardas — repetiu o chefe, como se os Michels soubessem de onde viera a proteção — cercaram a cabana, centenas deles. Homens grandes. Nunca vi nada parecido. Não tivemos escolha. Fomos embora.

De repente, Michel pareceu entender. Um calafrio percorreu-lhe a nuca e desceu para seus braços. Os dois não tinham orado pedindo proteção? Deus não usa anjos para cuidar do seu povo? Quando Stewart contou a Jenny o que pensava, ela concordou com ele.

— A proteção de Deus veio em forma de centenas de anjos vestidos como guardas parados em volta da nossa casa — diz Jenny, a respeito do que aconteceu. — Quem mais poderiam ser, senão anjos?

ENCONTRO Nº 10

A Indicação do Caminho

Quando William Landemann saiu para dar uma caminhada em torno de um dos lagos congelados perto da Universidade de Wisconsin, em Madison, nada sabia sobre a iminente nevasca que vinha em sua direção. Aos 21 anos de idade, Landemann já tinha anos de experiência em longas caminhadas pela área de caça e pesca dos Grandes Lagos e em excursões pelas florestas com uma mochila nas costas. Ele dividia um apartamento fora do *campus* com dois amigos e, embora passasse a maior parte do tempo na faculdade, ainda preferia a solidão da vida ao ar livre. Era somente ali, junto à natureza intocada, que William se sentia de fato em comunhão com Deus.

Ele tinha sido criado numa família católica tradicional, mas achava que a Igreja era por demais rígida. Ele acreditava que Deus era muito maior que os rituais semanais e uma lista de preceitos e, quando estava sozinho em meio à natureza, passava horas orando e procurando ficar mais perto do Criador.

Aquela fria manhã de fevereiro de 1975 não era diferente de muitas outras. Landemann tinha o hábito de sair de casa sem dizer aos colegas para onde ia. Passaria a maior parte do dia sozinho, na região deserta que cercava a área da universidade. Ele usava um casaco de pele com capuz, botas, luvas e um chapéu, e planejava sua excursão quando saiu para enfrentar a manhã com temperatura abaixo de zero. O lago ficava a aproximadamente um quilômetro e meio do apartamento. Era um lindo lago, com 41 quilômetros de circunferência, quinze quilômetros de comprimento e mais ou menos oito quilômetros de largura. Landemann chegou às margens geladas do lago e decidiu caminhar sobre o gelo. As águas já estavam congeladas há dois meses e ele sabia que a camada de gelo já devia estar muito espessa. Calculou que levaria cerca de quatro horas para chegar até o meio do lago e retornar à margem.

Localizou um ponto muito distante, que supôs ser o centro do lago, e começou a caminhar. Enquanto marchava na direção desse ponto, Landemann via pessoas ao longe, patinando, brincando e pescando através de buracos feitos no gelo. Concentrou sua mente em pensamentos de devoção e no esforço necessário para caminhar pela grossa camada de gelo coberta de neve. Não havia levado água naquele dia, e assim, depois de caminhar por quase uma hora, colocou alguns flocos de neve na boca para saciar a sede.

Ele desfrutava imensamente a caminhada, apreciando a beleza à sua volta e sentindo-se em paz com Deus e consigo mesmo. Quando chegou no meio do lago e começou a voltar para alcançar a margem, o céu começou a ficar nublado. Landemann não se importou muito com as nuvens porque isso era muito típico do céu de Wisconsin durante o inverno. Muitas vezes, as nuvens se acumulavam e, de manhã, desapareciam sem provocar qualquer tormenta. Mesmo assim apressou os passos, para não ser pego de surpresa caso uma tempestade estivesse mesmo a caminho.

Minutos depois, Landemann parou por um instante e examinou o aglomerado de nuvens que se aproximava rapidamente e ficou perplexo diante da mudança no céu. Em minutos, as nuvens haviam se tornado escuras e perigosamente baixas, quase tocando na superfície do lago. Landemann sentiu a temperatura cair, e ao apressar os passos mais uma vez, grandes flocos de neve começaram a encher o ar. Ao mesmo tempo, um vento forte fustigou a superfície do lago, formando um redemoinho de flocos de neve que impedia Landemann de ver a margem do lago. Andando tão rápido quanto podia contra o vento, calculou uma caminhada de noventa minutos antes de chegar à margem. Com o vento contra, a caminhada poderia levar até duas horas. Landemann tentou andar ainda mais depressa.

O vento continuava a aumentar e em apenas alguns minutos, o jovem quase não podia ver suas mãos diante do rosto. A tempestade fizera a temperatura cair para cerca de trinta graus abaixo de zero. Landemann continuou a caminhar, com o corpo inclinado devido ao vento, e os braços apertados contra o corpo, num esforço para lutar contra a hipotermia. A nevasca estava ficando cada vez mais violenta quando Landemann, de súbito, escorregou e caiu. Quando abriu os olhos, notou que não podia ver mais nada, apenas a neve branca. Caiu pesadamente, incapaz de se mover devido a uma súbita vertigem e à impossibilidade de distinguir o que estava à sua volta. Desorientado, não conseguia andar sem cair. Então ele compreendeu o que tinha acontecido: perdera temporariamente a visão por causa do brilho da luz solar na neve.

Durante anos, desde que começara a andar com uma mochila nas costas e a explorar as florestas perto de sua casa, Landemann havia lido a respeito de pessoas que tinham sido apanhadas em nevascas e que perderam temporariamente a visão por esse motivo, pondo a própria vida em perigo, pois a pessoa ficava completamente desnorteada e poderia congelar até a morte, às vezes a apenas poucos metros de um lugar seguro.

Landemann expulsou esses pensamentos da mente e conseguiu se deitar de bruços sobre o gelo.

— Você tem de se manter em movimento — ordenou a si mesmo, em voz alta. — Não pare!

Estendendo-se para a frente, enterrava os dedos na neve e arrastava o corpo para diante. De vez em quando ouvia estranhos e fortes estalidos por baixo da superfície congelada do lago.

— Socorro! — gritou ao perceber que o gelo poderia se quebrar fazendo-o desaparecer na água gelada. No entanto, seus gritos de ajuda eram logo abafados pela força do vento. Pelo menos ele podia se mover.

O tempo passava e Landemann foi invadido por outro pensamento assustador. E se estivesse se arrastando em círculos, gastando uma energia preciosa sem se aproximar da margem? Parou e deixou cair a cabeça sobre a neve e o gelo, fechando os olhos para se livrar da terrível cegueira que o afligia.

— Por favor, meu Deus amado, ajude-me a encontrar o caminho! — gritou. Seus olhos se encheram de lágrimas que congelavam ao descer pelo seu rosto. Então ele compreendeu a gravidade da situação.

Nesse momento, Landemann ouviu o profundo e ressonante som da sirene de nevoeiro que estava localizada no posto de salvamento na margem do lago, a apenas algumas quadras do local onde ele morava. Pela primeira vez, em quase trinta minutos, Landemann tinha um ponto de referência, um meio para se orientar em relação ao rumo que estava seguindo. Então ouviu o som de uma voz que falava através do sistema de comunicação do posto de salvamento.

— Cuidado! — disse a voz, em tom alto e claro. — O muro de arrimo está perto e a água aí é funda.

Landemann entendeu. Devia ter se desviado para perto do muro de arrimo, onde o gelo se havia rompido e as águas eram perigosamente profundas. Mais uma vez, ouviu uma advertência.

— Tenha cuidado, continue seguindo à direita. Suba no muro de concreto, quando o alcançar.

A voz incentivou Landemann a prosseguir e o encheu de esperança. Agora ele sabia que podia continuar avançando em direção à voz para chegar finalmente ao posto de salvamento, onde estaria em segurança.

Logo pôde ouvir o som das ondas batendo no muro de arrimo. Então, seguiu a orientação da voz, indo para a direita. Como havia usado as mãos para se arrastar pelo gelo, tinha quase perdido a sensibilidade dos dedos. Mas, de alguma maneira, conseguiu chegar ao muro, ainda rastejando. Olhou para cima, com o corpo dolorido por causa do esforço e do começo de hipotermia, e viu as luzes do posto de salvamento à sua frente. Subiu no muro de contenção e tateou seu caminho através da neve até a porta do prédio.

Pouco depois, a porta se abriu e ele sentiu que um homem alto e forte o arrastava para dentro. Quando Landemann recuperou o fôlego e conseguiu abrir os olhos, esse homem, que usava barba, ajudou-o a se sentar numa cadeira e ofereceu-lhe uma caneca de café quente.

— Obrigado — disse Landemann, muito atordoado para dizer algo mais, embora seu coração estivesse cheio de palavras de agradecimento. Em vez disso, fitou o homem que salvara a sua vida e ficou intrigado pela sua aparência estranhamente tranqüila.

O homem sentou-se a uma mesa do outro lado da sala e sorriu para Landemann.

— Você estava perdido lá fora — disse ele com voz suave, enquanto se levantava para encher novamente a caneca de Landemann.

— Sim, eu não sabia onde estava. Não podia ver nada — assentiu o rapaz.

O homem olhou fixamente para ele. Seus olhos eram de um azul cristalino, uma cor que Landemann jamais vira antes.

— É, eu sei. Eu sabia que você estava perdido e toquei a sirene. Então fiz algumas recomendações a respeito do muro de arrimo, para o caso de você ter perdido o rumo.

— Você agiu no momento exato — disse Landemann, perplexo pelo modo como Deus havia usado aquele homem para salvá-lo do perigo.

Enquanto conversavam, Landemann notou que o tempo havia clareado.

— Mais uma vez, muito obrigado. Acho que é melhor eu voltar para o meu apartamento — disse ele ao homem, que continuava sentado à mesa, como se não tivesse mais nada a fazer. De repente, Landemann ficou curioso.

— Por que o senhor está aqui? — perguntou. Normalmente o posto de salvamento fica fechado durante o inverno.

— Fazendo pesquisas — disse o homem, sorrindo gentilmente.

Landemann acenou com a cabeça, satisfeito com a resposta, e

agradeceu novamente. Os dois se despediram, e Landemann caminhou para casa. Só depois de estar em segurança no apartamento foi que ele soube que estivera fora durante sete horas. Então, contou aos colegas o que havia acontecido.

— Isso é impossível — disse Dana, um dos colegas de Landemann. — O posto fica fechado durante todo o inverno. Deve ter sido outra construção ou coisa parecida.

— Não; era o posto de salvamento — disse Landemann, com firmeza. — Sei que normalmente ele fica fechado nesta época do ano, mas o sujeito que estava lá me ajudou. Disse que estava fazendo pesquisas ou algo semelhante.

Os colegas olharam para ele, em dúvida.

— O lugar está com as portas fechadas — disse Dana outra vez. — Passei por lá outro dia. O posto está fechado durante o inverno.

— Ouçam, rapazes. Não estou ficando maluco! Ainda posso sentir o gosto do café. Ele salvou a minha vida. Ele estava lá. Foi uma sorte!

— Está bem — Dana admitiu. Os colegas concordaram que, fosse quem fosse o homem, Landemann tinha de fato tido muita sorte por ele estar lá e por vê-lo na hora certa.

Depois de uma longa noite de sono, Landemann despertou na manhã seguinte disposto a encontrar o homem e agradecer mais uma vez por ele ter salvo a sua vida. Vestiu roupas quentes e seguiu para o posto de salvamento. Ao se aproximar, Landemann ficou confuso. O posto estava completamente fechado, com sua sólida e imponente estrutura de concreto sem dar sinal de vida. Intrigado, dirigiu-se à porta da frente, mas encontrou-a quase coberta por um monte de neve, que não mostrava sinais de ter sido retirada há semanas, ou há meses.

Não havia nevado desde a repentina tempestade do dia anterior. A neve em frente à porta deveria ter sido removida ou, pelo menos, deveria haver sinais claros de pegadas subindo e descendo os degraus. Ainda mais curioso, Landemann escavou a neve até chegar a porta e encontrou uma placa na qual estava escrito: "Fechado durante o inverno (outubro de 1975 a abril de 1976)."

Mas, se o posto de salvamento estava fechado, trancado com correntes pelo lado de fora e parcialmente encoberto por montes de neve, como o homem havia conseguido entrar? Além disso, de que modo *ele*, Landemann, tinha conseguido entrar em tão pouco tempo, depois de encontrar o caminho para sair do lago e da nevasca? Landemann ficou imóvel, relembrando os detalhes do dia anterior que estavam bem nítidos em sua memória. Ele sabia que aquele era o lugar para onde tinha vindo. Fora ali que o homem lhe servira café quente; foi dali que ele o ajudara a sair do lago. A única sirene de nevoeiro da região estava instalada no posto de salvamento.

De repente, ele descobriu que só havia uma outra maneira de verificar a identidade do homem. Correu para casa decidido a telefonar para o departamento de polícia do município, que era responsável pelo posto.

— Ninguém teve acesso ao posto de salvamento, desde que ele foi fechado no outono — disseram-lhe.

Landemann, ainda à procura de informações, ligou para a universidade local, perguntando se haviam concedido permissão para alguém fazer pesquisas naquele prédio.

— Não. A prefeitura não permite que se façam pesquisas no posto de salvamento enquanto está fechado.

Landemann pendurou o fone no gancho e caiu de joelhos, abalado pelo que havia descoberto. Lembrou-se, então, de suas preces e de como havia se sentido tão próximo de Deus momentos antes de a tempestade começar.

— Teria sido? — murmurou para si mesmo. — Será possível?

Embora jamais houvesse uma maneira de provar o que tinha acontecido naquela tarde de tempestade, Landemann tomou uma decisão. A partir daquele instante, passou a acreditar que havia sido ajudado por um anjo que decidiu salvar-lhe a vida, e com quem teve um encontro muito especial.

ENCONTRO Nº 11

Um Anjo ao Volante de um Limpa-neve Amarelo

No inverno de 1972, a vida era exatamente como Dennis O'Neill queria que fosse. Ele vinha se preparando para o sacerdócio desde que concluíra o colegial, há onze anos, e agora estava a apenas um ano da ordenação.

Nesse inverno, servia como diácono numa paróquia de um subúrbio a noroeste de Chicago, Illinois. Como seu trabalho o mantinha em permanente contato com os paroquianos, ele estava desenvolvendo seu dom natural para ajudar as pessoas a ficarem cada vez mais próximas de Deus. Ele sabia que havia feito o que era certo, seguindo a carreira sacerdotal.

Uma noite, um pouco antes da meia-noite, Dennis estava dirigindo seu carro para o sudeste, em direção a Chicago, durante uma repentina nevasca. Ao chegar ao cruzamento das vias expressas Kennedy e Edens — uma encruzilhada para onde convergiam mais de oito pistas —, seu carro bateu num pedaço de gelo da cor do asfalto, e começou a rodopiar, fora de controle.

Dennis pisou nos freios com força, mas o carro continuou a girar cada vez mais rápido, deslizando em direção ao intenso tráfego que se aproximava. Embora o carro continuasse rodopiando violentamente, ele conseguiu ver um Volkswagen que estava prestes a colidir com seu carro. O outro veículo estava tão próximo que Dennis pôde ver nitidamente o motorista, mesmo com a neve que caía. Ele fechou os olhos, concentrando-se naquilo que seria, por certo, um violento e doloroso impacto.

— Seja o que Deus quiser! — pensou consigo mesmo.

Mas nada aconteceu. Abriu os olhos devagar e viu que seu carro, inexplicavelmente, havia parado de girar. Bem à sua frente estava um grande veículo amarelo próprio para remover a neve, o qual, de algum modo, evitara que Dennis fosse atingido pelo Volkswagen ou por qualquer outro carro. O motorista, um homem de meia-idade, com olhos castanhos cheios de vida e usando um boné de beisebol, fez um sinal para Dennis de que tudo estava bem e que iria bloquear o trânsito até que ele estivesse pronto para prosseguir.

Por algum motivo, nos instantes em que ficou parado em meio a uma total confusão, Dennis sentiu um estranho silêncio. Até o fluxo do tráfego que passava de ambos os lados parecia não fazer qualquer barulho. Dennis moveu-se lentamente para a frente, fazendo seu carro voltar à posição correta. Antes de se afastar, olhou no espelho retrovisor e viu o motorista do limpa-neve acenando de modo a tranqüilizá-lo. Dennis acenou de volta e então seguiu seu caminho.

Momentos depois, seu corpo começou a tremer incontrolavelmente, ao se dar conta de como estivera próximo de um grave acidente de carro. Quanto mais pensava no incidente, mais ele tremia, sem conseguir entender o que havia acontecido. De onde viera o veículo amarelo? Como aquele limpa-neve desengonçado tinha conseguido ficar entre ele e os carros que se aproximavam? Por que nenhum daqueles carros havia se chocado com ele, antes que o motorista do limpa-neve pudesse posicionar seu veículo em segurança na frente do seu?

Finalmente, quando seu corpo começou a relaxar, Dennis compreendeu que havia apenas uma resposta: a mão de Deus o tinha protegido da morte certa. Com esse pensamento, uma sensação de paz o invadiu.

Passaram-se sete anos e Dennis — nessa época padre O'Neill

— nunca esquecera como Deus o havia ajudado naquela noite fria de inverno.

Um dia, quando era padre na Igreja de São Tomé Apóstolo, em Chicago, padre O'Neill pediu aos alunos de uma classe de oitava série que contassem sobre as ocasiões em que Deus interviera em suas vidas. Como exemplo, ele contou sua história a respeito do limpa-neve.

— Desde aquele inverno de 1972, o limpa-neve vem sendo para mim um símbolo do amor e da proteção de Deus — disse ele a um grupo de jovens de olhos arregalados.

No dia seguinte, numa incomum tarde quente e perfumada de maio, padre O'Neill estava dirigindo seu carro para a casa de um amigo, vindo do centro de Chicago, quando de repente o pneu direito dianteiro do veículo estourou.

Embora fosse a primeira vez que isso acontecia com ele, sabia como trocá-lo. Cuidadosamente, levou o carro para a lateral da estrada, e estacionou, olhando pelo retrovisor antes de abrir a porta.

Lá atrás, saindo da estrada, estava um grande limpa-neve amarelo. Ele não se lembrava de ter visto esse veículo na via expressa; não havia nenhuma entrada para a rodovia a mais de um quilômetro e meio. Padre O'Neill permaneceu dentro do carro, observando o limpa-neve e seu motorista, sem conseguir imaginar de onde qualquer um dos dois tinha vindo.

Lentamente, o motorista saiu do carro e encaminhou-se para o padre O'Neill. Ele tinha olhos castanhos vivos e bondosos, usava um boné de beisebol. Sorria calmamente. Antes de ouvi-lo falar, padre O'Neill sentiu uma tranqüilidade silenciosa emanando daquele homem.

— Está tudo bem? — perguntou ele.

— Sim, obrigado — disse padre O'Neill rapidamente. — O pneu estourou, mas posso trocá-lo.

— Está bem, seguirei o meu caminho — disse o homem, assentindo com a cabeça e tocando a aba do boné. — Eu queria apenas me certificar.

O homem, então, voltou-se e subiu para dentro do limpa-neve. Ao se afastar, acenou mais uma vez para o estupefato padre.

Padre O'Neill não sabe exatamente quem era o motorista do limpa-neve amarelo, nem como um grande veículo de inverno apareceu na rodovia expressa Dan Ryan no final daquele mês de maio. Mas ele continua certo, como sempre estivera, de que Deus sempre zela por ele, onde quer que ele vá, usando vários meios para garantir sua proteção. Usando até mesmo, o que é totalmente possível: um anjo ao volante de um grande limpa-neve amarelo.

ENCONTRO Nº 12

Anjo da Esperança no Natal

A história da esperança fazia parte das lembranças de Natal de Phyllis Scott, e ela sempre ficava comovida quando a narrava.

Em 1911, quando ela estava com quatro anos e seu irmão com dois, seus pais, Jack e Martha, estavam sempre em dificuldades financeiras. Mesmo assim, tinham uma ligação particularmente forte, e sempre havia bastante comida e amor em suas vidas.

Aquela semana de Natal foi problemática para a família Scott, pois o filho menor, Tommy, estava com febre alta e os médicos temiam que ele estivesse com poliomielite. Naquela época, não havia vacinas para a pólio, e muitas crianças morriam dessa doença. Durante os dias e noites que precederam o Natal, Jack e Martha revezaram-se, ajoelhados ao lado da cama do filhinho doente, rezando pela sua recuperação.

Além da doença do filho, havia outros problemas naquele Natal. O moinho onde Jack trabalhava tinha cortado suas horas extras nas últimas semanas e eles não podiam comprar presentes de Natal para as crianças. Martha havia tricotado em segredo meias e cachecóis para eles, mas seu sonho de comprar um brinquedo para cada um dos filhos e alguns doces se desvaneceu. Naqueles dias, tudo o que eles podiam fazer era comprar comida e outras coisas mais necessárias.

Os Scotts passaram a véspera de Natal reunidos no quarto de dormir de Tommy, orando e cantando canções de Natal, enquanto passavam um pano úmido no corpo febril do menino. Depois de uma longa noite sem descanso, eles finalmente caíram exaustos em suas camas.

Bem cedo na manhã de Natal, quando Martha ia preparar o desjejum e arrumar os pacotes amarrados de meias e cachecóis perto dos pratos dos filhos, ela ouviu o som de uma forte batida na porta. Curiosa, Martha levantou a cabeça e enxugou as mãos no avental, enquanto se encaminhava para a porta da frente.

— Pois não? — disse ela ao abri-la.

Ali, nos degraus da porta, estavam um homem simpático e bem vestido e uma linda menina. Um grande cão branco estava ao lado da criança.

— Feliz Natal, sra. Scott — disse o estranho com voz suave, cheia de ternura. — Vim ver como vai o Tommy.

Martha permaneceu de pé olhando o homem e a criança nos degraus, sem compreender como um estranho podia saber o seu nome e o do seu filho.

— Eu conheço o senhor?

O homem ignorou a pergunta. — Como está o menino, sra. Scott?

— Quem é o senhor? — ela perguntou. O homem tinha uma presença incomum e ela não sentia medo, mas queria muito saber a identidade do estranho que estava diante dela.

O homem balançou a cabeça como polidez e sorriu. — Vim apenas para saber do estado de saúde do seu filho, senhora — disse ele.

Ainda confusa, Martha passou a mão pelos cabelos, suspirou profundamente e resolveu responder ao homem. — Bem, ele é apenas um garotinho com dois anos de idade — começou.

O homem concordou acenando gentilmente com a cabeça e a menina ao seu lado sorriu. Martha continuou.

— Ele sempre teve boa saúde até uma semana atrás, quando contraiu essa febre e... — fez uma pausa e sua voz falhou. — O médico diz que pode ser poliomielite.

— Eu sei — disse o homem mansamente, aproximando-se de Martha e apertando-lhe a mão. — Mas ele irá se recuperar em breve.

Lágrimas começaram a correr pela face de Martha, que logo as enxugou. — Por favor, senhor — disse ela meio confusa. — Entre e saia desse frio. Diga-me quem é o senhor e como sabe os nossos nomes.

Mais uma vez o homem sorriu e balançou a cabeça: — Temos de partir agora — disse ele. — Feche logo a porta para que o frio não entre no quarto do menino.

— Mas, espere...

O homem acenou uma vez mais. Então ele, a menina e o grande cão branco voltaram-se e desceram os degraus da escada. Embora ele a tivesse avisado para fechar a porta, Martha continua ali observando o trio para ver aonde eles iriam.

No mesmo instante em que eles pisaram no último degrau, Jack gritou do quarto dos fundos e Martha voltou-se naquela direção. Quando olhou novamente para a escada o homem, a menina e o cão tinham desaparecido.

Martha correu imediatamente, degraus abaixo, e examinou a rua em ambas as direções, mas as calçadas estavam vazias. Perturbada pelo que tinha acontecido, caminhou lentamente para dentro de casa e contou a história ao marido.

— Quem seria ele? — perguntou ela.

— Não sei, Martha — disse Jack. Depois sorriu. — Pode ser que ele tenha sido enviado por Deus. Um presente de Natal para nos assegurar que o pequeno Tommy vai ficar bom.

O casal refletiu a respeito e, antes de acordar os filhos, orou mais uma vez pelo filho doente.

— Vou ver como está Tommy — disse Martha levantando-se da mesa. — Acorde Phyllis e diga a ela que desça para tomar o café de Natal.

Alguns minutos depois, quando Jack estava no quarto de Phyllis acordando a menina e desejando a ela um feliz Natal, ouviu a voz de Martha.

— Jack, venha depressa — gritava a mulher.

Jack segurou a mão de Phyllis e os dois desceram as escadas, correndo em direção ao quarto de Tommy.

— O que é? — Jack estava apavorado. Talvez Tommy tivesse piorado ou não tivesse sobrevivido àquela noite.

Quando entraram no quarto do garotinho, Jack viu Martha sentada na cama, com os olhos brilhando cheios de lágrimas incontidas, enquanto Tommy sorria em seus braços. Ela procurou a mão do marido.

— Jack, a febre desapareceu. Ele parece bem melhor — murmurou ela.

— Meu amado Deus — murmurou Jack, e lentamente ajoelhou-se no chão ao lado da cama do filho. A família Scott, de mãos dadas, agradeceu a Deus por curar Tommy.

— E obrigado, também, Deus, pelo estranho que veio aqui esta manhã. Obrigado por nos dar esperança.

Nunca mais viram ou ouviram falar daquele homem estranho até três anos mais tarde, em abril de 1914. Dessa vez, ele estava sozinho, mas quando Martha atendeu à porta, soube imediatamente que ele era o mesmo homem que a visitara naquela manhã de Natal.

— O senhor de novo! — disse Martha, abrindo a porta e apontando com o braço em direção à sala de estar. — Por favor, entre. Quero saber o seu nome. Quem é o senhor?

Mas exatamente como antes, o homem sorriu e balançou a cabeça.

— Eu queria lhe dizer que sinto pelo fato de seu marido ter perdido o emprego. Mas logo ele estará trabalhando outra vez.

Então, antes que Martha pudesse pronunciar qualquer palavra, o homem sorriu afetuosamente, tocou no chapéu com polidez e voltou-se depressa para sair. Martha chamou-o e viu quando ele dobrou a esquina e encaminhou-se para o pequeno bosque que ficava atrás da casa. Martha correu escada abaixo atrás dele, mas na hora em que chegou nos fundos da casa, não havia ninguém à vista e nenhum som vindo de qualquer lugar. De novo, o homem havia desaparecido.

Abalada com a visita, Martha voltou para casa convencida de que devia estar imaginando coisas. O homem, com certeza, era uma outra pessoa que tinha batido à porta da casa errada. Além disso, Jack não havia perdido o emprego. Em silêncio, agradeceu a Deus pelo fato de o marido ter de fato um emprego, e tentou esquecer o estranho em sua porta.

Nessa noite, Jack voltou do trabalho mais cedo do que de costume, com os ombros caídos de frustração. Devagar ele puxou Martha para si e deu-lhe um abraço apertado; então sentou-a gentilmente no sofá usado.

— Tenho más notícias — disse ele, olhando profundamente nos olhos da mulher. — Fui despedido hoje.

Martha sentiu seu coração dar um salto ao ouvir as palavras do marido. O estranho, afinal, estava certo. Suspirou profundamente e contou a Jack a respeito da visita do estranho na manhã daquele dia.

— Ele disse que logo você voltará a trabalhar — falou ela, quando acabou de contar a história. — Jack, quem será esse homem?

Jack balançou a cabeça com um temor respeitoso.

— Seja quem for, parece que ele nos traz esperança. Lembra-se daquela manhã de Natal, quando ele disse o que ia acontecer com Tommy? Ele já sabia que tudo iria ficar bem e quis nos dar a mesma paz de espírito. Talvez seja verdade. E agora, talvez não tenhamos nada com que nos preocupar.

Martha concordou com a cabeça.

— Bem, vamos jantar. Pelo menos, por enquanto, ainda temos comida na mesa.

Levantou-se para tirar o avental e então, de repente, arquejou.

— Jack! — gritou ela. — Veja!

Em suas mãos ela segurava uma cédula de vinte dólares que encontrara dentro do bolso do avental. — Vinte dólares, Jack! De onde veio esse dinheiro?

Por alguns instantes, Jack e Martha permaneceram calados, mas ao mesmo tempo, ambos chegaram à mesma conclusão.

— O estranho? — perguntou Martha com tranqüilidade. Jack assentiu com a cabeça e pegou na mão da mulher.

— Talvez ele fosse mais do que um estranho, Martha. Talvez fosse o nosso anjo da guarda. É possível, não é?

Durante dias, o casal ficou refletindo a respeito do homem e de sua mensagem. Então, duas semanas mais tarde, Jack recuperou o emprego, e deram a ele uma gratificação pela volta ao trabalho. Depois disso, os Scotts ficaram convencidos de que, fosse quem fosse o homem, não era um ser humano nem uma pessoa comum. Ele chamava-os pelo nome e conhecia as suas necessidades, trazendo-lhes esperança nos dias de aflição.

Durante todos os anos até a sua morte, Martha permaneceu com uma fé inabalável, enquanto contava a história do estranho que viera à sua casa trazer esperança. O anjo do Natal, como gostava de chamá-lo.

De muitas maneiras, ainda hoje, o estranho espalha esperança enquanto a história, que hoje pertence a Phyllis, continua a ser contada para os filhos, os netos e os bisnetos de Jack e Martha Scott.

ENCONTRO Nº 13

Orientação Divina

O dr. Charles Madison sempre imaginava como seria a sua vida se ele fosse um missionário. Seus pais conheciam vários missionários, e na sua infância Charles ouvia suas histórias, sonhando em algum dia viajar para países distantes, onde iria falar às pessoas a respeito do amor de Jesus.

Em vez disso, esforçou-se para cursar a faculdade de medicina, e tornou-se o médico do pronto-socorro de um hospital próximo à sua casa, em Glendora. Jamais se arrependera por ter optado pelo trabalho na área da medicina, considerando-o como uma forma de trabalho missionário, no qual mantinha um contato diário com muitas pessoas, dando-lhes numerosas oportunidades de compartilhar a sua fé durante o tratamento.

Não obstante seu horário de trabalho ininterrupto, o dr. Madison fora sempre um membro ativo da igreja local e, no início dos anos 80, fizera amizade com diversos missionários.

Quando pôde tirar umas férias, em 1981, ele planejou ir a Bangalore, na Índia, onde iria visitar seus amigos missionários e conhecer de perto o modo de vida deles.

— Estou apenas um pouco inseguro a respeito de como fazer a conexão quando chegar a Bombaim — admitiu o dr. Madison aos seus amigos, no último telefonema antes de viajar. Seu avião o levaria ao aeroporto de Bombaim, onde deveria pegar um vôo que fazia conexão para Bangalore.

— Não se preocupe — disseram seus amigos. — Deus fará com que chegue aqui.

Ao tomar o avião em Los Angeles com destino a Bombaim, lembrou-se dessas palavras e imaginou como faria a conexão, porém relaxou e não pensou novamente na situação até que o avião aterrissou, muitas horas depois. Levantou-se, espreguiçou-se, pegou sua bagagem de mão e desceu um lance de escada em direção ao edifício principal.

O dr. Madison olhou para o relógio enquanto entrava no aeroporto, que mesmo às quatro horas da manhã estava fervilhando de gente. Tinha menos de trinta minutos para pegar o vôo de conexão para Bangalore.

Dirigindo-se ao funcionário que estava no primeiro balcão de uma companhia aérea, o dr. Madison sorriu e começou a falar.

— Estou procurando o vôo 457, em conexão de Bombaim para Bangalore — disse ele pausadamente.

Mas o homem balançou a cabeça imediatamente. — Não — disse ele claramente. — Não, não. Não inglês!

O dr. Madison compreendeu, pelos gestos do homem, que ele não falava inglês. Dando uma rápida olhadela pelo aeroporto, o dr. Madison observou que, embora muitas pessoas em Bombaim falassem um inglês fluente, não havia nenhuma sinalização nesse idioma. Perguntou a vários funcionários de outras companhias aéreas mas, passados quinze minutos, ainda não tinha idéia de que direção deveria tomar para pegar o seu vôo. Encontrou sua bagagem mas ninguém podia lhe dar uma orientação correta.

Exatamente quando o dr. Madison começou a pensar para onde iria se perdesse o avião, um homem, trajando as roupas comuns de um homem de negócios norte-americano, encaminhou-se para ele.

— Venha por aqui — disse o homem com uma voz autoritária mas bondosa. Então deu as costas ao dr. Madison e começou a andar.

— Ei, o senhor não sabe para onde eu quero ir — gritou ele para o homem, que estava se afastando rapidamente. Como o homem não respondesse, o dr. Madison encolheu os ombros e compreendeu que não tinha outra opção. Apanhou a bagagem de mão e seguiu o desconhecido. Os dois atravessaram o aeroporto e o médico acompanhou o homem para o lado de fora, onde estava um ônibus esperando junto ao meio-fio.

— Suba — disse o homem com a mesma voz de comando. Quando o dr. Madison subiu no ônibus, o homem o seguiu e sentou-se à sua frente.

— Então, para onde estamos indo? — perguntou o médico com curiosidade.

— O senhor precisa pegar um vôo para Bangalore, correto? — disse o homem como resposta.

O dr. Madison concordou com a cabeça, imaginando quem poderia ter-lhe passado essa informação.

— Os vôos domésticos partem do aeroporto que fica mais à frente na rodovia. Este ônibus nos levará até lá.

Depois de acomodar-se, o dr. Madison inclinou a cabeça. — De onde é o senhor?

O homem ficou calado durante alguns minutos. — Sou daqui mesmo. Estou aguardando um vôo.

Nesse exato momento, o ônibus parou em frente ao aeroporto de vôos domésticos.

— Olhe, muito obrigado — disse o dr. Madison agradecido. — Eu jamais teria encontrado este lugar. Ninguém por perto falava inglês.

— Sim — replicou o homem, dando uma olhada pela janela do ônibus. — Eu sei. Agora está tudo bem.

O dr. Madison caminhou em direção à porta do ônibus, desceu e ficou perto do bagageiro, do lado de fora do veículo, junto à entrada de passageiros. Esperou o homem por alguns momentos a fim de segui-lo, mas como não o viu sair, entrou outra vez no ônibus.

O homem havia desaparecido.

O dr. Madison voltou a sair e ficou em pé ao lado do ônibus, totalmente perplexo. Definitivamente, o homem não tinha saído do ônibus. Ele havia ficado ao lado da porta de saída e o teria visto.

Mas para onde teria ido? E como o homem sabia exatamente aonde ele precisava ir pegar o seu vôo? Outra coisa intrigava o dr. Madison: se ele era norte-americano, como poderia conhecer tão bem os dois aeroportos se estava apenas aguardando um vôo? O médico entrou mais uma vez no ônibus e olhou atentamente em volta, assegurando-se de que o homem não estava mais lá dentro. Finalmente, balançou a cabeça, apanhou a bagagem de mão e pegou o vôo de conexão para Bangalore.

Depois de ter chegado, enquanto estavam sentados em torno da mesa da cozinha, ele contou sua história.

— Talvez ele fosse um anjo, Charles — disse um de seus amigos, em tom sério.

O dr. Madison ficou calado por alguns instantes. — Nunca pensei nisso. Mas acho que é possível.

— É claro que é possível. Às vezes Deus age de maneiras estranhas.

Depois disso, o dr. Madison esqueceu o incidente. Jamais teve a certeza de que o homem fosse realmente um anjo. Mas, ao mesmo tempo, não tinha outra explicação para a ajuda que ele lhe dera e para o seu desaparecimento. Nos anos seguintes, a vida particular e profissional do dr. Madison fizeram dele uma pessoa cada vez mais ocupada. Ele se casou e estava muito satisfeito com os rumos que sua vida estava tomando. Não pensou mais no incidente em Bombaim até anos mais tarde, quando decidiu visitar os mesmos amigos missionários, que então estavam no Quênia.

Dessa vez, suas viagens levaram-no para o aeroporto do Paquistão. Ao sair do avião, se viu novamente na situação tão familiar de procurar uma pessoa que falasse inglês para guiá-lo ao terminal certo. Nenhuma das sinalizações era em inglês, e Charles, de repente, lembrou-se de sua experiência em Bombaim, como se ela tivesse ocorrido um dia antes. Colocou a bagagem no chão e olhou ao redor, procurando desesperadamente por alguém que lhe desse alguma orientação.

De repente, um homem vestindo um traje típico da Índia aproximou-se dele.

— Senhor, o senhor deve ir por aqui — disse o homem, falando um inglês perfeito, enquanto apontava para um terminal próximo, onde viajantes estavam formando uma fila, prestes a embarcar num avião. O dr. Madison pegou sua bagagem e se voltou para agradecer ao homem. Da mesma forma que em Bombaim, ele havia desaparecido repentinamente. O médico, perplexo, ficou ali parado por alguns segundos. Um calafrio percorreu-lhe a espinha. O homem não podia ter se afastado tão depressa.

Mais tarde, nessa noite, quando o médico chegou ao Quênia, não perdeu tempo para contar o ocorrido a seus amigos. Dessa vez, disse a eles que o homem era, sem dúvida, um anjo.

— Lembram-se do homem que me ajudou em Bombaim? — perguntou o dr. Madison.

— Claro! Ele o levou na direção correta e depois desapareceu, certo?

O médico assentiu. — Bem, vocês estavam certos a respeito dele, porque isso aconteceu de novo.

— Você quer dizer que ele era um anjo?

— Não tenho dúvidas. Deus é realmente fantástico, não é? Ajudando-me daquele jeito quando eu me sentia completamente perdido.

— Isso não é nenhuma novidade, meu amigo — disse um dos missionários, com um sorriso no rosto. — Se ouvirmos com toda a atenção, Deus sempre nos indicará a direção correta.

O dr. Madison ficou calado por um momento, pensando em como fora guiado para a carreira de médico e nos outros acontecimentos em sua vida. Ele cresceu acreditando que Deus estava sempre zelando por ele. Mas agora tinha uma compreensão diferente, mais real, dessa verdade.

— Sabem? — disse ele, com um olhar fervoroso por ter conhecimento da verdadeira presença de Deus. — Eu acho que vocês têm razão.

ENCONTRO Nº 14

Milagre numa Situação Corriqueira

Aquele calorento junho de 1993 tinha sido agitado, e parecia que Caryn Lessur estava sempre atrasada para os compromissos que havia marcado para aquela semana. Seu marido, Donny, um professor de ginásio, estava em sua última semana de treinamento na escola particular na qual lecionava, em West Hill. Eram duas e dez da tarde e Caryn sabia que tinha de apanhar o marido na escola às duas e meia.

— Preciso apenas de algumas coisas — disse ela em voz alta para si mesma, enquanto entrava no estacionamento do supermercado, do outro lado da rua da escola. Erguendo cuidadosamente o filho de quatro meses de idade, pegou a carteira e entrou apressada na loja. Quando estava lá dentro, no entanto, descobriu várias outras coisas de que a família necessitava e encheu rapidamente um carrinho com gêneros alimentícios.

Com a cadeirinha do bebê num carrinho, ela precisava de dois deles para levar as sacolas até o carro. Uma funcionária do supermercado ofereceu-se para ajudá-la.

Com apenas dois minutos para se encontrar com Donny, apressou-se em abrir o porta-malas do carro, pedindo à funcionária que colocasse as sacolas lá dentro.

— Obrigada pela ajuda — disse Caryn sorrindo, enquanto retirava seu bebê do outro carrinho e o colocava na cadeirinha dentro do carro, amarrando as correias. Enquanto fazia isso, a funcionária pegou os dois carrinhos e começou a empurrá-los de volta ao supermercado.

— Cuidarei dos carrinhos — gritou ela para Caryn, que ainda estava acomodando o filho no carro. — Tenha um bom dia!

— Obrigada — disse Caryn, enquanto se dirigia para o assento do motorista. Nesse momento, ela notou que havia deixado a carteira em cima de um dos carrinhos de compras. Voltou-se e viu que a funcionária já havia entrado no supermercado. Não sabia onde estava o carrinho.

Olhando para o relógio, Caryn tirou novamente o filho do carro e entrou correndo na loja, dirigindo-se à funcionária.

— Você viu a minha carteira? — perguntou ela, ofegante e nervosa.

Um olhar perplexo surgiu no rosto da jovem. — Carteira?

Caryn acenou com a cabeça, de modo frenético. — Ela estava em cima do carrinho. Para onde você o levou?

A balconista apontou para o lado de fora. — Lá para fora, junto com os outros.

— Está bem, obrigada.

Caryn saiu correndo, ainda segurando o bebê, e olhou para a longa fileira de carrinhos. Calculou, de imediato, que devia haver mais ou menos uma centena deles enfileirados na frente do supermercado. Aquele que utilizara deveria estar no início ou no fim da fileira, pois haviam se passado apenas alguns minutos. Correu para a frente da fileira de carrinhos e começou a olhar dentro de cada um deles, mas não encontrou a carteira.

Frustrada e com receio de que já estivesse dez minutos atrasada para seu encontro com Donny, Caryn entrou novamente no supermercado e perguntou pela carteira na seção de achados e perdidos.

— Nada nos foi entregue, senhora — disse a moça. — Posso anotar o seu nome e o número do seu telefone? Se encontrarmos alguma coisa, telefonaremos.

Caryn assentiu rapidamente e escreveu as informações. Depois, começou a andar por toda a loja, perguntando aos clientes se haviam pegado um carrinho do lado de fora e se nele tinham encontrado uma carteira. Mas, cada vez que fazia a pergunta, deparava com a mesma expressão de perplexidade: ninguém tinha visto a carteira.

Por fim, Caryn e seu filho voltaram para o carro. Enquanto dirigia seu carro em direção à escola, fez um relação mental de tudo o que havia na carteira: carta de motorista, cartões de crédito, carteiras de saúde do filho, alguns recibos, seu cartão do banco, alguns lembretes pessoais e um talão de cheques. Porém, o mais importante de tudo é que lá estava uma fotografia especial sua ao lado de Donny, tirada quando eram namorados. Caryn começou a rezar.

— Senhor, se for possível, por favor, faça com que alguma pessoa bondosa encontre a minha carteira, para que eu possa recuperá-la — orou ela.

— E me ajude a me acalmar.

Vinte minutos depois, Caryn parou em frente à escola e explicou ao marido tudo o que tinha acontecido. Os dois eram cristãos convictos há seis anos e Caryn não ficou surpresa com as palavras do marido:

— Também vou rezar a Deus para que isso aconteça, querida. Tudo vai dar certo.

— Como isso pôde acontecer? — lamentou-se Caryn. — Era uma carteira velha, e minha fotografia predileta estava dentro dela. Ela significa muito para mim, e sei que nunca mais a verei.

— Vamos, doçura; tenha fé.

Durante anos, sempre que Donny tinha um motivo para usar essas palavras, Caryn ficava maravilhada com as maneiras pelas quais Deus resolvia os problemas deles. Ele sempre os havia atendido, porém ainda assim, em ocasiões como essa, às vezes duvidava de que Deus pudesse realmente ajudá-los.

— Sinto-me como uma tola pedindo a Deus para me ajudar a encontrar a minha carteira — admitiu Caryn. — Essas coisas acontecem. E, de qualquer modo, foi um erro meu. Talvez ele esteja tentando me dar uma lição, advertindo que eu preciso me acalmar.

Donny abraçou a mulher — Pode ser — disse ele. — Seja como for, as coisas se resolverão. Não se preocupe.

Nessa noite, Caryn fez diversos telefonemas para cancelar seus cartões de crédito. Mas sabia que havia um grande perigo de que alguém usasse sua carta de motorista e seu talão de cheques. Ela teria de aguardar até o horário comercial do dia seguinte para ligar para o banco. E se sentia infeliz por ter perdido a fotografia.

De manhã cedo, Caryn telefonou para o supermercado e perguntou se alguém tinha devolvido uma carteira. A resposta foi negativa. A seguir, telefonou para o banco. Disseram que ela fosse até a agência o mais rápido possível. A conta seria fechada e outra seria aberta.

— A senhora terá de preencher alguns formulários, depois encerraremos a conta antiga. Faremos uma anotação de que a sua carteira foi furtada, para o caso de aparecerem cheques preenchidos por outra pessoa que não seja a senhora ou seu marido. Então a senhora poderá abrir uma nova conta e transferir o seu antigo saldo — explicou um funcionário do banco, pelo telefone.

Caryn chamou Maria, uma amiga da igreja que às vezes cuidava de seu filho, e pediu que ela viesse para ficar com o bebê por uma hora. Quando a amiga chegou, Caryn apanhou as chaves e encaminhou-se para porta.

— Reze por mim, Maria. Ainda espero que, de algum modo, a carteira apareça.

Caryn dirigiu-se à agência do banco onde havia aberto sua conta bancária, muito embora ela ficasse muito mais distante da sua casa do que outras. Ficou sentada com uma funcionária durante vinte minutos, preenchendo formulários. Depois, foi orientada para ficar numa fila e aguardar o próximo caixa disponível, que iria providenciar um adiantamento em dinheiro até que o seu saldo fosse transferido da antiga conta para a nova.

Caryn agradeceu a funcionária e entrou na fila. Ao chegar a sua vez, encaminhou-se para o caixa que estava livre. Era uma senhora.

Ao começar a explicar a situação, a mulher pegou um objeto e o entregou a Caryn.

Era a carteira.

— Como ela veio parar nas suas mãos? — perguntou Caryn, ao mesmo tempo confusa e alegre.

— Foi há poucos minutos — explicou a caixa. — Dois jovens entraram, vieram ao meu guichê e me entregaram a carteira. Perguntei o nome deles, mas não quiseram dizer.

A mente de Caryn apressou-se em busca de uma explicação. O banco não estava muito cheio naquela manhã, e ela ficara observando os clientes que entravam e saíam. Não tinha visto nenhum jovem no lugar. Além do mais, ela havia perdido a carteira num supermercado a pelo menos dez quilômetros de distância, do outro lado da cidade.

Caryn pegou a carteira e examinou-a cuidadosamente. Tudo estava intacto; não estava faltando nem mesmo um único cartão de crédito ou recibo. E a estimada fotografia estava exatamente onde ela a havia colocado, com o rosto de Donny sorrindo para ela enquanto olhavam o pôr-do-sol no Lago Tahoe, naquele verão de tantos anos atrás.

Ao voltar para casa, Caryn pensava na fé de Donny e na maneira como ambos haviam orado para que a carteira fosse encontrada. Depois, pensou sobre o que acontecera. A carteira fora apanhada por alguém, logo depois que ela a perdera de vista. Caryn falara com todos os clientes do supermercado e procurara em todos os carrinhos, e uma vez que ninguém devolvera a carteira à seção de achados e perdidos da loja, a pessoa que a encontrara era, obviamente, desonesta. Como, então, pensava Caryn, a carteira foi acabar nas mãos de dois jovens que a devolveram ao banco? E como eles souberam a que agência deviam levá-la? Além do mais, como foi que, no momento exato em que Caryn estava no banco, os rapazes devolveram a carteira e a entregaram precisamente à caixa que depois iria atendê-la?

Mais tarde, quando contou a história a Donny, os olhos dele se iluminaram como se ele já soubesse a resposta.

— Oração, querida.

— E quanto àqueles jovens? — perguntou ela, perplexa mas convencida, da mesma forma que o marido, de que o fato de ter a carteira fora uma resposta às suas orações. — Tenho certeza de que ninguém entrou no banco com a minha carteira enquanto eu estava lá.

— Lembra-se do que diz a Bíblia a respeito de anjos? — perguntou Donny, erguendo os olhos.

Caryn calou-se por instantes, deixando que as palavras dele penetrassem em sua mente.

— Será possível? — indagou ela, com a voz cheia de admiração e respeito.

— O que você acha?

Nem Caryn nem Donny jamais saberiam, com toda a certeza, o modo como a carteira havia sido devolvida naquele inverossímil conjunto de circunstâncias. E jamais conheceriam a identidade dos dois jovens que agiram, talvez, como anjos na corriqueira rotina diária.

ENCONTRO Nº 15

Anjos Invisíveis

A história a seguir foi contada numa palestra durante uma aula na Escola Dominical da Igreja Congregacional de Lake Avenue, em Pasadena, Califórnia. Como em diversas outras histórias aqui narradas, os nomes e certos detalhes foram mudados para proteger a identidade das pessoas envolvidas. Porém, há algo diferente a respeito desta história. Embora os outros relatos desta coletânea incluam encontros com pessoas que, muito provavelmente, eram de fato anjos, nesta história isso não acontece. Mesmo assim, acredito que, de alguma forma, ocorreu um encontro com um anjo, e eu quero contar essa história para vocês.

Christine Hallberg tinha acabado de fazer suas compras e ficou desanimada ao ver que horas eram. O centro comercial ao sul da Califórnia havia anunciado que ia fechar e já eram mais de nove horas. O Natal ainda seria a quase um mês, mas Christine pretendia fazer muitas compras antes que o movimento se tornasse mais intenso.

Pegou seus pacotes nos braços e procurou as chaves do carro na bolsa. Ela sabia que devia se apressar. Seu marido, Mike, estava em casa com os meninos e, àquela hora, deveria estar esperando por ela. Saindo do *shopping* em direção ao escuro e frio estacionamento, Christine continuou a remexer nos seus pertences à procura das chaves do carro.

Absorta em sua busca, ela não notou o movimento de pessoas nas proximidades do seu carro.

Finalmente, seus dedos fecharam-se sobre as chaves e ela ergueu os olhos em direção ao carro; o estacionamento estava quase vazio. Notou, com desânimo, que havia estacionado o carro muito longe. Olhando em volta, nervosa, apressou o passo. Há dez anos, não estaria preocupada com sua segurança numa situação como aquela. Mas naquela época, em 1991, a criminalidade havia aumentado em todas as áreas de Pasadena e nas regiões adjacentes. Christine sabia que estava numa situação vulnerável enquanto caminhava para o seu Buick, abria a porta e entrava.

De repente, um homem mascarado apareceu a menos de três metros da janela do carro. Seu olhar era de um homem furioso e ele caminhava na sua direção, apontando-lhe um revólver e fazendo gestos para que ela abrisse a porta.

Recusando-se a entrar em pânico, Christine ignorou o homem, fechou a porta e tentou dar partida no carro. Nada aconteceu. O homem estava quase na sua porta; tentou outra vez dar partida, mas o motor não deu sinal de vida.

— Por favor, meu Deus — murmurou ela, no momento exato em que o homem começou a bater com o cabo da arma no vidro do carro.

Fechando os olhos, Christine tentou mais uma vez dar partida, e finalmente o motor pegou. Num instante, engatou a marcha e saiu em velocidade, deixando o homem nas sombras.

Christine chorou durante todo o caminho de casa, assustada pelo que poderia ter acontecido e atônita pelo fato de o motor de seu carro não ter dado partida na primeira vez. Ele acabara de passar por uma revisão e supunha-se que estava em perfeitas condições.

Voltou seus pensamentos para Deus e agradeceu profusamente a Ele por tê-la ajudado a sair com tanta facilidade daquela situação que poderia ter posto sua vida em risco. Estremeceu ao imaginar o que aquele homem poderia ter feito, se tivesse demorado a sair de lá apenas alguns minutos mais. Principalmente pelo fato de o estacionamento estar às escuras e a maioria das pessoas que faziam compras para o Natal já terem ido embora.

Minutos depois, chegou à entrada da garagem de sua casa, numa encosta, ainda abalada pela terrível experiência, e entrou em casa. Chorando muito, narrou o incidente ao marido.

— Agora você está em segurança — disse Mike, tomando-a nos braços.

Depois de Christine ter contado os mínimos detalhes, inclusive sobre a aparência do homem, Mike chamou a polícia. Feito isso, voltou-se para a mulher.

— Vamos lá fora dar uma olhada no carro — disse ele. — Não posso entender por que o motor não pegou. O mecânico acabou de testá-lo há poucas semanas, não foi?

— Foi — disse Christine, concordando com a cabeça.

— Não consigo entender — disse Mike, pegando uma lanterna e levando a mulher para o lado de fora em direção ao carro. Ela ficou olhando, enquanto ele abria o capô. De repente, ele deu um passo para trás, abaixando lentamente a lanterna. Parecia atordoado e Christine, de imediato, ficou preocupada.

— O que há de errado? — ela perguntou.

— É impossível — murmurou Mike.

— O quê? — Christine se aproximou, olhando para o motor do carro.

— Ali — disse Mike, apontando novamente a lanterna para o motor. — A bateria sumiu.

— O quê!? — disse Christine, confusa. — Como pode ser? Acabei de chegar em casa.

Mike voltou-se lentamente para a mulher. — Você não compreende? Alguém lhe preparou uma cilada. Enquanto estava fazendo compras, alguém tirou a bateria e esperou por você. Quem fez isso sabia que você não poderia dar partida no motor do carro e... — Mike parou no meio da frase, imaginando o que o homem mascarado pretendera fazer à sua jovem e bela esposa.

— É impossível — repetiu ele.

— Não compreendo — falou Christine, mais confusa do que nunca e aterrorizada pelo que Mike acabara de descobrir. Alguém havia preparado uma cilada para ela que, de algum modo, escapara de ser atacada.

— Se a bateria sumiu, como o motor do carro pegou, Mike?

— É isso o que quero dizer. Não existe nenhuma maneira de dar partida num motor como este sem a bateria.

Um calafrio percorreu a espinha de Christine de alto a baixo e ela pegou na mão do marido. — O que você está dizendo? — perguntou em voz baixa.

— Não sei. Não posso explicar como isso aconteceu. De alguma maneira você veio para casa sem a bateria. É impossível!

De repente, Christine sentiu uma paz inundando-lhe a alma. — Mike, poderia ter sido Deus zelando por mim?

Os olhos de Mike se arregalaram e um olhar de compreensão apareceu em seu rosto. Lenta e deliberadamente, ele fitou o céu coberto de estrelas. Christine acompanhou o seu gesto, e durante vários minutos o casal ficou contemplando a noite. Finalmente, Mike quebrou o silêncio.

— Deus, jamais poderemos entender o que aconteceu hoje conosco — murmurou ele. — Mas somos eternamente gratos. Muito obrigado.

ENCONTRO Nº 16

Aparições de um Anjo da Guarda

Todas as crianças da família Roman se portavam de uma maneira correta e digna. Seus pais, Candelario e Leonor, nasceram em Porto Rico, na primeira metade deste século. Eles sempre ensinaram seus filhos a se respeitarem, a serem amáveis para com os outros e a terem devoção por Deus. As crianças Roman viviam, nas últimas décadas de 50 e 60, no distrito de Manhattan da cidade de Nova York, na parte mais alta do West Side, uma região que, naquela época, era quase sempre perigosa.

Por esse motivo, as crianças tinham ordens estritas para virem para casa logo depois das aulas. Um dos poucos lugares onde tinham autorização para brincar e participar de atividades fora da escola era a Igreja Católica do Santo Nome de Jesus, na esquina das avenidas 96 e Amsterdã. Por isso, todas as oito crianças da família Roman cresceram com uma fé inabalável e uma moral que perduram até hoje.

De todas as crianças, Linda, a mais jovem das cinco meninas, era talvez a mais devota. Desde a mais tenra idade, ela mostrava ter senso de responsabilidade e o desejo de cuidar dos que não podiam cuidar de si mesmos. Ela era, pelos padrões de sua mãe, uma "boa menina", e cresceu vivendo o que sua família considerava ser uma vida fascinante. Mas havia algo que diferenciava Linda dos seus parentes. Eles acreditavam que ela possuía um anjo da guarda que apareceu, no mínimo, duas vezes a pessoas da família.

O primeiro incidente aconteceu em 1966, quando Linda estava com cinco anos de idade. Nessa época, ela dormia no mesmo quarto com duas de suas irmãs, Carmen e Cookie, que tinham dez e doze anos. As meninas mais velhas não se importavam em dividir seu espaço com Linda, pois achavam que era dever delas cuidar da irmãzinha.

Uma noite, muito depois de as luzes terem sido apagadas e de Linda ter adormecido, Carmen e Cookie ainda estavam conversando em voz baixa, quando pensaram ter ouvido algo. Erguendo os olhos, olharam para Linda e ali, deitada ao lado dela em sua cama, estava uma menininha, aparentemente da mesma idade. Durante quase um minuto, as meninas ficaram observando a tal menina, trocando olhares de surpresa, sem saberem o que fazer.

De repente, as meninas mais velhas enfiaram-se embaixo dos lençóis, com medo de que talvez estivessem vendo um fantasma, ou de que, se lhe voltassem as costas, a menininha poderia se transformar num monstro. Finalmente, as assustadas irmãs de Linda adormeceram, abraçadas uma à outra, embaixo dos lençóis. De manhã, a menininha havia sumido, e Carmen e Cookie ficaram confusas.

— Mamãe — Carmen aproximou-se de sua mãe, antes do café da manhã. — Tinha uma menininha dormindo com Linda na noite passada, e hoje ela sumiu.

A mãe das crianças ficou calada por alguns instantes, enxugou as mãos no avental e olhou pensativamente para a filha.

— O que você está dizendo, querida?

— Ontem à noite, eu e Cookie estávamos acordadas e olhamos para a cama de Linda. Havia uma menininha dormindo exatamente ao lado dela. Hoje de manhã, ela havia sumido. Quem é ela?

A mãe fez uma nova pausa e inclinou a cabeça. Depois sorriu.

— Acho que era o seu anjo da guarda — disse.

Linda acordou logo depois e juntou-se a seus familiares, na cozinha. Embora tivesse apenas cinco anos, ela compreendeu imediatamente que estavam falando a seu respeito. Quando perguntou sobre o que sua mãe e suas irmãs estavam falando, Leonor, tranqüilamente, levou a menina para um lado.

— Não é nada com que se assustar, querida. As meninas viram um anjo perto da sua cama, ontem à noite.

Linda pensou nas palavras da mãe por alguns instantes e então assentiu com a cabeça, demonstrando ter entendido.

— Um anjo bom, mamãe? — perguntou ela.

— É claro! — respondeu a mãe.

Embora nem ela nem ninguém mais da família Roman soubesse por que Linda precisava de um anjo da guarda, devido aos grandes perigos do centro da cidade a presença do anjo era mais tranqüilizadora que estranha. Por causa disso, nem Linda nem sua mãe deram muita atenção ao que tinha acontecido. Para Leonor, em sua profunda fé, o fato de um anjo estar cuidando de sua filha quase não a surpreendia. Carmen e Cookie, no entanto, falavam freqüentemente a respeito do anjo de Linda, contando a história a seus irmãos e irmãs repetidas vezes, e olhavam para a cama da irmã todas as noites, na esperança de verem o anjo mais uma vez.

Mas passaram-se anos antes que a misteriosa menina fosse vista de novo. Dessa vez, Linda cursava o 2º grau num colégio particular próximo ao apartamento da família, na cidade de Nova York. Nessa época, Linda tornara-se muito apegada ao irmão mais moço, Joey. Todos os dias, às três e meia da tarde, Joey ficava esperando ansiosamente o retorno de sua irmã da escola. Depois, iam brincar juntos, ouvindo o rádio e contando segredos durante horas.

Uma tarde, a mãe de Linda olhou pelo olho-mágico da porta do apartamento e viu que Linda acabara de sair do elevador e se encaminhava para a porta, em companhia de uma amiga.

— Joey, Linda está chegando e vem com uma amiga — gritou ela em direção aos fundos do apartamento, onde Joey estava brincando em seu quarto.

O menino de doze anos veio correndo em direção à porta da frente. Pegou a cadeira mais próxima e ficou em pé em cima dela, olhando pelo olho-mágico, como sua mãe havia feito momentos antes.

Caminhando ao lado de Linda, estava uma jovem que aparentava dezesseis ou dezessete anos, a mesma idade de Linda. Ela vestia o mesmo uniforme escolar e parecia extremamente alegre. Joey nunca tinha visto aquela garota, e algo em seu radiante cabelo loiro fez com que ele a fitasse com intensidade. Nesse momento como se pudesse sentir o olhar do menino sobre si, a garota correu alegremente para trás de Linda, mostrando a cabeça de vez em quando.

Joey desceu da cadeira, destrancou a porta do apartamento e aguardou que Linda a abrisse. Então, olhou com toda a atenção para trás da irmã, mas a garota loira tinha desaparecido. Linda estava completamente sozinha.

— Ei, onde está aquela sua amiga? — perguntou Joey, subitamente confuso, enquanto saía para o corredor e o examinava de alto a baixo, em toda a sua extensão.

Linda olhou surpreendida para o irmão. — Que amiga?!

— Você sabe, a garota que estava com você. Para onde ela foi? Vamos, Linda!

Linda encolheu os ombros, passou andando por Joey e pôs os livros em cima da mesa da cozinha.

— Vim sozinha para casa.

Joey aproximou-se da irmã pegando em seus braços, e fez com que ela ficasse de frente para ele.

— Não tem graça nenhuma, Linda. Ela vinha andando ao seu lado. Depois ficou atrás de você, como se estivesse brincando ou algo parecido. Tinha cabelos loiros e compridos e usava um uniforme igual ao seu. Onde está ela?

Nesse momento, Leonor entrou na sala. — Onde está a sua amiga, Linda? — perguntou ela, despreocupadamente.

Linda franziu a testa, confusa. — Que amiga? Vim para casa sozinha.

— Mas eu a vi... — a voz de Leonor baixou de intensidade e

ela pareceu ficar mergulhada em pensamentos. Houve silêncio por um momento. — Não havia ninguém com você?

— Ninguém, mamãe!

A perplexidade em seu rosto desapareceu instantaneamente. — Seu anjo da guarda — disse ela sem subterfúgios, tendo chegado ao que para ela era uma conclusão óbvia. Sorriu para Linda e voltou à cozinha, onde estava preparando o jantar.

Como da primeira vez, quando Carmen e Cookie tinham visto a estranha menina ao lado da irmã, Leonor nunca mais mencionou o incidente. Linda, por sua vez, raramente falava a respeito das ocasiões em que seus familiares viram a misteriosa garota ao seu lado. Até hoje, aos 37 anos, Linda ainda não viu a garota que ela acredita ser o seu anjo da guarda.

— Porém sempre tive uma sensação especial de proteção — diz Linda, atualmente casada e feliz, e com dois filhos encantadores — Como se eu tivesse a certeza de que Deus está zelando por mim.

Quanto a Joey, com 32 anos, ainda continua perplexo pela experiência daquela tarde — um acontecimento que fortaleceu a sua fé e deu sentido à sua vida.

— Tenho certeza de que vi alguém com Linda naquele dia — diz ele. — Quem poderia ter sido, senão um anjo da guarda?

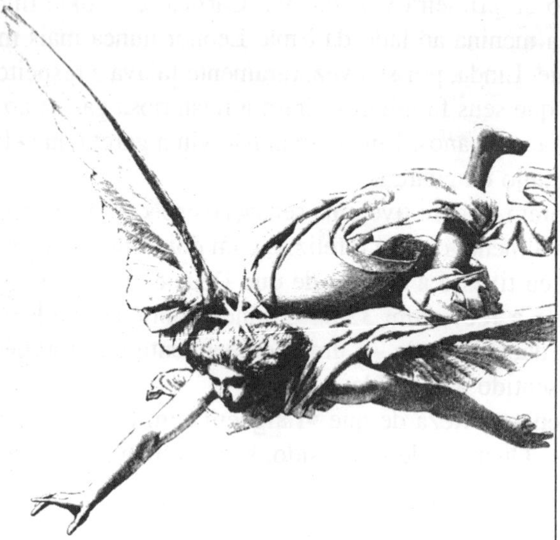

ENCONTRO Nº 17

Uma Mensagem de Esperança

As cores do supermercado começaram a mudar enquanto Jim Marlim fazia suas compras. Ele assegurara à sua família que tinha abandonado as drogas. Mas em San Fernando Valley, no sul da Califórnia, onde morava, era tão fácil obtê-las que ele, mais uma vez, não conseguira resistir. Horas antes, tinha tomado uma mistura de drogas proibidas e agora, de repente, as paredes do supermercado pareciam estar se derretendo, com suas cores mesclando-se umas com as outras.

Jim olhou em volta, desesperado, tentando se acalmar e consciente de que o suor tinha começado a brotar de sua testa, escorrendo pelo rosto, pescoço e braços.

— Agora não! — implorou em voz alta. — Por favor, agora não!

Voltou-se para a seção de verduras, mas as frutas e as verduras haviam se transformado numa substância que formava grandes bolhas e, o que era pior, estavam caminhando na sua direção.

— Socorro! — gritou ele, começando a correr a toda velocidade pela loja, entrando num corredor entre as gôndolas e saindo por outro. Finalmente, alertado pelos clientes preocupados, o gerente da loja e um dos clientes, um homem de compleição robusta, com vinte e tantos anos, seguraram Jim e o derrubaram no chão.

— Segure os pés dele — disse um freguês com toda a tranqüilidade, apontando para as pernas de Jim para o gerente. — Já segurei os braços.

No meio de uma terrível alucinação provocada pelas drogas, Jim contorcia-se furiosamente no chão, tentando livrar-se das mãos do homem que o segurava. A alucinação estava piorando.

Cada vez que Jim abria os olhos, via horríveis demônios negros caminhando na sua direção. Eles tinham expressões ferozes e garras que pingavam sangue. Havia demônios pequenos e perversos flutuando perto do seu rosto e sorrindo para ele, e havia enormes e monstruosos demônios à sua volta. Pior do que o seu aspecto, os demônios pareciam emanar uma sensação de maldade suprema, de morte e destruição, das quais Jim não tinha forças para escapar.

— Ajude-me! Alguém me ajude! — ele gritou. — Eles estão tentando me matar!

O freguês que estava segurando os braços de Jim curvou-se, ficando mais próximo dele.

— Você vai ficar bom — disse ele num tom de voz claro e tranqüilizador. A despeito da grave alucinação, Jim pôde ouvir o homem e começou a fazer acenos com a cabeça, concordando.

— Ajude-me! — gritou ele mais uma vez.

— Abra os olhos, Jim — disse o tal homem calmamente, num tom de voz que só Jim podia ouvir. Ele parecia não tomar conhecimento das pessoas que se reuniam em torno deles. — Vamos, Jim. Pode confiar em mim.

Jim abriu os olhos devagar e, então, quando a cena ficou mais nítida, arregalou os olhos, aturdido. Os demônios ainda estavam ali, mas iam se retirando. E no centro da cena surgia o que parecia ser o rosto de Jesus. Aterrorizado, Jim parou de se contorcer e de lutar, e de repente ficou calmo.

Enquanto olhava fixamente para ela, a imagem no centro da cena começou a falar.

— Você quer se ver livre dos demônios, Jim? — perguntou a voz da imagem parecida com Cristo. — Você precisa decidir.

De repente, Jim começou a chorar, e as pessoas que iam formando uma multidão cada vez maior observavam, enquanto o jovem continuava curvado por cima dele, falando num tom de voz que nenhuma delas podia ouvir.

— Sim — disse Jim. — Ajude-me a me livrar dos demônios! Por favor, ajude-me!

O homem que o amparava sorriu gentilmente. — Abandone as drogas, Jim. Com elas vêm os demônios. A opção é sua.

— Não, eu não posso fazer isso sozinho — gemeu Jim, e as pessoas que estavam em volta dele e do jovem que o segurava começaram a ficar inquietas. Havia algo de irreal na conversa que aqueles dois pareciam estar mantendo, embora elas não pudessem ouvir as serenas palavras do rapaz.

Jim fechou novamente os olhos e, mais uma vez, começou a se debater para se livrar das mãos do estranho. Mas o jovem parecia ter uma força descomunal, e os esforços de Jim eram inúteis.

— Olhe para mim, Jim — disse outra vez aquela voz. — Confie em mim.

Jim abriu os olhos outra vez e viu que os demônios haviam sumido completamente. Só a imagem de um Cristo muito tranqüilo e radiante preenchia o centro da sua visão.

— Ajude-me! — murmurou ele debilmente. — Por favor!

— Jim, você não fará isso sozinho. Se quiser se ver livre dos demônios, volte-se para mim. Estarei sempre pronto a ajudá-lo. Apenas chame por mim e eu estarei ao seu lado.

— Senhor? — Jim sussurrou a palavra, sem ter a certeza de que ainda estava sofrendo uma alucinação. Mas mesmo assim deleitando-se com a paz que sentia.

Lentamente, a figura começou a se desvanecer. Mas, antes de ter desaparecido totalmente, ele ouviu mais uma vez a voz: — Sim, Jim. Sou eu. Estarei cuidando de você.

De repente, Jim se sentiu muito cansado. Fechou os olhos e sentiu seu corpo se descontrair. O cliente que estava conversando calmamente com Jim segurando-lhe os braços, levantou-se.

— Acho que o senhor pode levá-lo daqui — disse em voz baixa. — O pior já passou.

— Obrigado — disse o gerente, movendo-se rapidamente em direção aos braços de Jim e segurando o jovem adormecido, para o caso de ele despertar mais uma vez. Quando o gerente olhou em volta para perguntar ao freguês o que ele havia feito para acalmar o rapaz, o homem já havia desaparecido.

Nesse momento, chegaram paramédicos e o gerente afastou-se para que eles pudessem começar a agir. A polícia também tinha chegado, aumentando a excitação das pessoas presentes.

— Com licença — disse uma mulher enquanto caminhava em direção a Jim. — Sou a mulher dele. Deixem-me vê-lo.

A esposa de Jim, Jennika, uma bonita mulher de cabelos escuros, com lágrimas nos olhos caminhou para perto dele e observou os paramédicos enquanto verificavam seus sinais vitais.

— Agora parece que ele está bem — disse um deles. — Alucinação por drogas? — perguntou, olhando para o gerente da loja.

— Sim, com toda a certeza. Eu nunca vi nada igual.

Jennika fechou os olhos e recomeçou a chorar. Jim prometera que seus dias de consumo de drogas tinham ficado para trás. Ele já havia entrado e saído de um centro de reabilitação duas vezes nos últimos dois anos, e ela estava começando a duvidar se ele iria mesmo abandonar as drogas. Os paramédicos deram as costas para Jim, certos de que ele não precisava de atendimento médico imediato. Quando se afastaram, Jennika aproximou-se de Jim.

— Jim, querido, acorde! — sussurrou ela. — Vamos, levante-se, meu bem!

Jim abriu os olhos. — Onde está ele? — perguntou.

Jennika ficou confusa: — Quem?

Jim sentou-se e olhou em volta até que viu o gerente.

— Para onde ele foi? Aquele homem que me segurou no chão?

O gerente olhou para a multidão, que se limitava agora a apenas algumas pessoas. — Acho que ele foi embora.

Jim levantou-se devagar. Nesse instante, um policial aproximou-se e colocou algemas nos pulsos de Jim, enquanto lia os seus direitos. Pelo fato de a alucinação ter ocorrido num lugar público, a polícia o estava prendendo por provocar tumulto. Além disso, estava preocupada com a segurança dele e dos clientes que o cercavam.

Antes de a polícia levá-lo embora, Jim voltou-se outra vez para o gerente.

— Por favor — disse ele, bem mais calmo do que estivera momentos antes, durante a alucinação —, diga-me qual era a aparência daquele homem.

O gerente mostrou-se aborrecido com a estranha pergunta.

— Bem, ele era... — começou o gerente, tentando se lembrar. — Ele tinha cabelos loiros e curtos, compleição musculosa e, vejamos, bem, um rosto bem barbeado. Isso é tudo o que posso lembrar.

Jim balançou a cabeça. — Não, estou me referindo ao outro homem. Aquele que ficou curvado sobre mim e falou comigo.

— É dele que eu estou falando.

— Não, a pessoa que me ajudou. Era um rapaz de cabelos escuros, barba, olhos castanhos. Onde está ele?

O gerente não soube o que Jim queria dizer. Não tivera nenhuma experiência com drogas alucilógenas e não tinha meios de saber o que Jim vira durante aquele tumultuado episódio.

— Tudo o que eu posso lhe dizer é que a pessoa que o ajudou era um rapaz loiro — disse o gerente.

Jennika ouvira o diálogo entre o marido e o gerente do supermercado, e estava muito curiosa a respeito do que Jim tinha visto e ouvido durante sua alucinação.

— Você está bem, Jim? — perguntou ela.

Jim olhou do gerente para a esposa, frustrado. — Ninguém sabe para onde ele foi?

— Não. Ele saiu depois que você se acalmou — disse o gerente. — Olha, vamos acabar com isso. Tenho de fazer a loja funcionar.

O policial concordou e levou Jim para o lado de fora, onde uma viatura o aguardava.

— Aconteceu algo lá dentro — disse ele, olhando nos olhos da mulher enquanto estava no carro. — Minha vida jamais será a mesma outra vez, Jennika.

Ele notou o olhar assustado no rosto da esposa, que estava sem saber o que significava essa afirmação do marido.

— Não se preocupe, meu amor — disse ele, sorrindo entre lágrimas. — Mais tarde contarei tudo a você.

Jim foi fichado na delegacia de polícia e liberado depois de se comprometer a comparecer ao tribunal para responder à acusação por causar tumulto em lugar público. Jennika foi buscá-lo mais tarde na delegacia. Normalmente, depois de enfrentar qualquer problema devido ao uso de drogas, Jim ficava irado e hostil. Mas quando Jennika o viu aproximar-se de seu carro e entrar, notou que ele estava estranhamente tranqüilo e alegre.

— Vai me contar o que aconteceu no supermercado? — perguntou ela, sem fazer nenhum gesto para dar partida no carro e concentrando sua atenção em Jim.

— Vou — disse ele fitando pela janela o céu azul lá no alto. Voltou-se para Jennika. — Jen, você acredita que Deus pode estar tentando me dizer alguma coisa? — perguntou.

Jennika suspirou. Ela estava ansiosa para saber o que havia acontecido no supermercado e Jim parecia disposto a adiar o assunto.

— É claro — respondeu ela pacientemente. Jennika era uma cristã piedosa que pedia a Deus, todos os dias, que ajudasse Jim a parar de consumir drogas. Ultimamente, vinha orando para que Ele usasse todos os meios necessários a fim de chegar até Jim e ajudá-lo a entregar-Lhe sua vida.

— Agora, por favor, diga-me o que aconteceu no supermercado — implorou.

— Não sei se você vai acreditar em mim, mas vou lhe contar. Tomei algumas drogas hoje de manhã e fui ao supermercado. Acho que fiquei com fome — começou ele. — Então comecei a ter alucinações. Tudo estava ficando com cores diferentes e parecia que os vegetais tinham adquirido vida. Jim olhou para a mulher e ficou aliviado pelo fato de ela não estar rindo. Ela nunca achara nenhuma graça nas alucinações do marido e sentia o desgosto e a tristeza que o uso de drogas provocava nele.

— Bem, comecei a suar e então acho que saí correndo pela loja, gritando por ajuda — disse ele. Os olhos de Jennika se estreitaram de sofrimento, triste por não ter estado perto do marido para ajudá-lo.

— Bem, comecei a ver seres escuros no ar e fechei os olhos. Acho que parei, pedindo socorro. Quando abri os olhos, os demônios estavam ali; essa é a única maneira que tenho para descrevê-los. Estavam todos à minha volta... seres escuros com presas e garras, e sangue pingando de suas bocas. Oh, Jennika foi tão horrível!

Jim abaixou a cabeça por um momento, revivendo o pesadelo da alucinação. Jennika aproximou-se e pegou a mão dele.

— Querido, diga-me o que aconteceu depois.

Jim acenou com a cabeça. — Bem, senti alguém me agarrar, depois uma pessoa segurando meus pés e outra segurando meus braços. Eu estava com os olhos fechados e continuava gritando. Então, de repente ouvi aquela voz suave e tranqüila dizendo-me para abrir os olhos e confiar nele. Agora, é aqui que tudo se torna realmente extraordinário. Abri meus olhos lentamente e os demônios estavam sumindo, estavam indo embora tão rápido quando podiam. E no centro da cena estava um homem que parecia exatamente com as imagens de Jesus. Ele segurava meus braços gentilmente e falava num tom tão baixo que somente eu podia ouvir.

— Ele disse alguma coisa? — perguntou Jennika, hipnotizada pela história que Jim estava contando.

— Sim — Jim assentiu mais uma vez. — Ele me disse que, se eu quisesse me livrar dos demônios, devia parar com as drogas. Depois, disse que iria me ajudar e assim eu não teria de fazer isso sozinho.

— Isso é tudo?

— Depois senti muita paz. Todos os demônios tinham desaparecido e eu senti uma espécie de sono por alguns momentos. Quando acordei, quis falar com o homem. Quem quer que fosse, ele havia me imobilizado e falado comigo. Mas ele sumiu. O gerente não sabia para onde ele tinha ido.

— Você quer dizer que o gerente o viu?

— Sim, acho que todos devem tê-lo visto. Havia muitas pessoas em pé à nossa volta, quando tudo aconteceu.

— E ninguém viu para onde ele foi?

— Ninguém. Mas quer saber qual foi a coisa mais extraordinária de todas?

Jennika achava estranha a história de Jim, mas concordou.

— Bem, eu perguntei ao gerente qual era aparência do homem que ficara curvado em cima de mim, falando comigo e imobilizando os meus braços. Sabe o que ele disse? Disse que o homem tinha cabelos loiros e que estava bem barbeado. Mas não foi isso o que vi quando abri os olhos. Eu vi Jesus Cristo. Falo sério, Jennika. Essa é a única maneira que tenho para descrevê-lo. Ele estava falando para mim de um modo muito suave, e eu sabia que Ele tinha vindo para me advertir: se eu não mudar a minha vida agora, os demônios tomarão conta de mim. Creio que foi por isso que Ele me apareceu.

— Mas, e quanto ao homem loiro? Ele estava conversando com você ou foi alguma imagem da sua alucinação?

— Não estou certo. Mas todos viram o homem que me segurava, conversando comigo. Apenas não podiam ouvir o que ele dizia.

— Então você acha que foi um aviso? — perguntou Jennika, em dúvida. Ela havia orado para que a vida de Jim mudasse drasticamente, mas jamais esperara esse tipo de resposta do Senhor.

— Sim. E agora estou lhe dizendo que nunca mais tocarei em drogas, Jennika. Vou me voltar para Deus e dar a Ele um lugar adequado na minha vida. Não quero que a mensagem que recebi tenha sido em vão.

— Humm — disse Jennika. — Isso é interessante.

— O quê?

— Mensagem. Você recebeu uma mensagem de Deus. Sabe como as mensagens de Deus eram entregues nos templos bíblicos?

Jim balançou a cabeça.

— Pelos anjos, Jim — disse ela lentamente. — Talvez o homem que estava conversando com você fosse um anjo, dizendo-lhe o que o Senhor queria que você ouvisse.

Jim pensou por alguns momentos.

— Não sei, Jen — disse, depois de um instante. — Acho que nunca saberei quem estava realmente falando comigo, quem era o mensageiro. Mas vou seguir a risca a mensagem. Tenho certeza disso.

Jim telefonou repetidas vezes para o supermercado, à procura do jovem que o havia ajudado naquela tarde. Mas o gerente, ao que parece, nunca mais tinha visto o homem. Ele estivera por ali na ocasião, ajudara numa situação de emergência e depois desapareceu. Mas não em vão.

Jim manteve sua palavra. Durante os vinte anos seguintes e ainda hoje, Jim Marlin não tocou mais em drogas e empenha-se, a cada ano que passa, para tornar seu casamento cada vez melhor. Ele também vem mantendo um relacionamento dinâmico com Deus, aquele que começou no chão frio de um supermercado, enquanto segurava a mão de um homem que era, talvez, um anjo.

ENCONTRO Nº 18

Alívio Trazido por um Anjo

Era o verão de 1982. Ann Holman e Linda Rust vinham planejando fazer aquela viagem há meses. Há uma semana, seus maridos e filhos estavam passando as férias juntos no Lago Powell, passeando de barco e pescando. Agora, numa manhã de sábado, bem cedo, em Canoga Park, Califórnia, Ann e Linda estavam prestes a pegar as três filhas pequenas e viajar oito horas de carro até Sedona, no Arizona, onde iriam se encontrar com os maridos.

— Não se esqueça de mandar fazer uma revisão na caminhonete antes de partir — havia recomendado Harley Rust à mulher no início daquela semana. — Você não vai querer ficar com o carro quebrado no meio do deserto junto com as crianças.

Linda concordou. Levou a caminhonete para a oficina de um mecânico da região e mandou fazer uma revisão completa.

— Tudo parece estar perfeito, sra. Rust — assegurou-lhe o mecânico. — As correias estão em ordem e os fluidos do freio e da embreagem estão no nível. Não haverá nenhum problema durante a viagem.

Linda agradeceu ao homem e na tarde de sexta-feira Linda e Ann trataram de colocar na caminhonete as coisas de que iriam precisar para a longa viagem. Na madrugada do sábado, antes do sol nascer, as mulheres e suas filhas partiram em direção ao deserto pela Rodovia Interestadual 10. Pararam em Índio, para colocar combustível, e um mecânico da região ofereceu-se para dar uma olhada embaixo do capô. Depois de alguns minutos examinando atentamente o motor, ele aprumou-se e balançou a cabeça demonstrando preocupação.

— Parece que temos um problema, senhoras — disse ele, de modo agourento.

Linda aproximou-se do carro e olhou para o motor. — O que há de errado?

— A correia do ventilador está gasta. Talvez possa agüentar por mais ou menos uns 150 quilômetros. Com certeza, se quebrar enquanto a senhora estiver dirigindo, pode ser perigoso.

Linda franziu as sobrancelhas e aproximou-se de Ann. — Ele disse que a correia do ventilador está quase quebrando, e isso pode ser perigoso — disse à sua amiga e voltou para perto do mecânico.

— O que poderia acontecer? — perguntou ela.

— Bem, não é sempre que acontece, mas eventualmente o impulso poderá fazer com que ela atravesse o capô e o pára-brisas e seja atirada para dentro do carro.

Linda estremeceu ao pensar no que aconteceria se a correia do ventilador voasse para o lugar onde as crianças estavam sentadas. — E se nós a trocássemos?

— Naturalmente isso seria a coisa mais segura a ser feita — disse ele lentamente. — Custa cerca de trezentos dólares.

Linda ficou calada por alguns momentos, avaliando as palavras do homem. — Precisamos pensar um pouco sobre isso — disse ela, afastando-se do mecânico e puxando Ann para perto de si. — O que você acha?

— Você acabou de fazer uma revisão no carro — disse Ann. — Não acha que o seu mecânico teria dito se houvesse algum problema com a correia do ventilador?

Linda concordou. — Pode ser que ele esteja tentando nos tirar trezentos dólares. Aqui estamos nós, no meio de uma terra de ninguém, duas mulheres e um bando de garotinhas. O que sabemos?

Ann franziu os lábios e olhou para o motor. — Eu gostaria de saber mais um pouco. Não tenho idéia de onde fica a correia do ventilador ou com que ela se parece.

— Nem eu. O que faremos?

— Você é quem decide. O carro é seu — disse Ann dando um tapinha nas costas da amiga.

— Está bem. Vamos orar e dirigir até Blythe. São mais duas horas e veremos o que vai acontecer. Podemos pedir outra opinião em uma oficina de lá.

Ann assentiu, reuniu as meninas e colocou-as no carro, fixando os cintos de segurança, e logo começou a orar, rogando a Deus por segurança e discernimento. Se a correia estivesse prestes a se romper, ela pediu que lhes fosse dado um aviso, para que pudessem parar no acostamento antes que alguém fosse ferido.

Orar não era nenhuma novidade para Ann e Linda. As mulheres e suas famílias haviam se conhecido quando freqüentavam a Igreja Cristã de West Valley, em West Hill. Ann e Linda aprenderam a colocar sua fé em tudo o que faziam.

Enquanto Linda dava partida à caminhonete, orava em voz alta para que Deus as guiasse em segurança até Blythe e evitasse que o carro quebrasse até que estivessem perto de um posto de gasolina. Até as meninas juntaram-se à oração.

— Por favor, Jesus, mantenha-nos em segurança — disse Joy, de sete anos de idade, do banco traseiro.

As duas horas seguintes decorreram lentamente, enquanto as mulheres permaneciam caladas, ambas continuando a orar durante a viagem. A despeito de sua fé, havia tensão no ar enquanto elas prosseguiram. Quando estavam apenas a alguns quilômetros de Blythe, as meninas pediram para ir ao banheiro, e as mulheres decidiram desviar-se para uma área de descanso localizada a mais ou menos um quilômetro e meio da rodovia. O local de parada estava situado numa parte plana do deserto com um estacionamento vazio e uma pequena cabana no centro. Entrando na área de descanso, Linda estacionou o veículo e mandou que as meninas fossem ao banheiro. Então ergueu o capô da caminhonete.

— Venha cá, Ann — disse. — Vamos dar uma olhada no motor. Se a coisa tiver piorado, talvez possamos vê-la agora.

Ann juntou-se a ela e as duas se curvaram para olhar de perto as diversas partes do motor, sem saber absolutamente para o que estavam olhando. Finalmente, ergueram-se, ainda fitando o motor, tentando distinguir uma parte da outra e esperando localizar a correia do ventilador. De repente, ouviram uma voz.

— Posso ajudar?

As mulheres se voltaram e viram um homem de aspecto modesto e feições latinas, exatamente atrás delas, trajando calças *jeans* e camisa azul, seus cabelos e olhos eram escuros. Ele sorria cordialmente, permanecendo um pouco afastado para não assustar as mulheres. Mesmo assim, elas ficaram surpresas, pois não tinham ouvido ele se aproximar e tampouco viam qualquer outro veículo na área. Mas as mulheres logo se tranqüilizaram por algo que havia no olhar do homem: uma suavidade que não podiam descrever. Ann e Linda deram um passo para o lado, afastando-se para que o homem pudesse dar uma olhada no motor.

— Um mecânico em Índio nos disse que a correia do ventilador estava prestes a se romper — explicou Linda. — Mas, honestamente, não sabemos o que estávamos procurando.

O homem sorriu e aproximou-se do carro. Durante alguns minutos ele examinou o motor, tocando em várias partes e olhando cuidadosamente para outras. Finalmente, ergueu-se e olhou diretamente para os olhos de Linda e depois para os de Ann.

— O carro está em ordem — disse ele clara e ponderadamente, do mesmo modo que um pai falaria a seus filhos. — Não há absolutamente nenhum problema mecânico. Relaxem e aproveitem a viagem.

As mulheres assentiram e se aproximaram mais uma vez para observar o motor, observando as peças, todas ainda lhes parecendo muito estranhas. Nesse momento, ambas compreenderam como haviam estado tensas durante as últimas duas horas. Embora estivessem orando constantemente e acreditando que Deus iria tomar conta delas, não haviam desfrutado a viagem. Linda sorriu e voltou-se para agradecer ao homem pelo alívio que ele lhes proporcionara.

Mas o homem havia sumido.

— Ei! Para onde ele foi? — perguntou Linda enquanto Ann se voltava, olhando ao redor. Não havia ninguém por perto.

— Isso é impossível — disse Ann em voz baixa. — Para onde ele poderia ter ido?

As mulheres permaneceram paradas no lugar, examinando os arredores da área de descanso. Mas o homem de camisa azul tinha desaparecido.

Durante as quatro horas seguintes, as mulheres viajaram para Sedona sem se preocupar com o carro. Só à noite elas falaram a respeito do homem, de sua mensagem e de seu desaparecimento.

— Depois que ele disse que tudo estava em ordem, deixei de me preocupar — disse Linda.

Ann assentiu. — Foi como se ele nos tivesse dado uma sensação de paz, de que não havia nada errado.

— Talvez Deus quisesse que soubéssemos que havia escutado nossas preces e que não precisávamos nos preocupar com qualquer problema no carro — disse Linda, olhando para a amiga e falando objetivamente. — Ele não poderia ter ido para nenhum lugar daquele modo tão rápido, Ann. Você sabe quem era ele, não sabe?

— Você realmente pensa dessa maneira?

Linda assentiu e sorriu.

— Um anjo?

— Existe alguma outra explicação?

Ann balançou a cabeça lentamente. — Maravilhoso, não é?

— Uma graça maravilhosa.

ENCONTRO Nº 19

Ajuda dos Céus no Pronto-Socorro

Aos oito anos, Joey Clark já estivera várias vezes em diversos prontos-socorros de hospitais, mas nenhuma delas em estado tão grave como naquela manhã de verão de 1990. Betty, a mãe do menino, sentou-se sozinha na sala de emergência, orando em voz baixa.

— Não posso prometer nada — dissera-lhe o médico. — Sinto muito, sra. Clark. Parece que desta vez ele não vai se recuperar.

Joey passara a fazer parte da família Clark quando tinha apenas alguns meses de idade. Nessa ocasião, Betty e Dan Clark foram autorizados a adotar uma criança pelo Estado da Califórnia, no município de Los Angeles. Joey foi adotado num dia claro de ventania no inverno de 1982. Era um menino franzino, com cabelos escuros, olhos grandes e um corpo flácido.

— Ele tem várias deficiências físicas e mentais — explicou a assistente social a Dan e Betty. — Pode não sobreviver até o final desta semana. Sei que não será fácil, mas preciso saber se vocês querem cuidar dele. A mãe não pode fazê-lo, e ele precisa de um lugar seguro para ficar.

Betty engoliu em seco, tentando não chorar diante daquela pequenina criança doente.

— Faremos o melhor que pudermos — falou Dan, tomando o bebê gentilmente em seus braços. — Ele será nosso filhinho durante todo o tempo que a senhora quiser que cuidemos dele.

Os Clarks tinham duas filhas, ambas na adolescência e que já cuidavam de si mesmas. Joey iria exigir mais tempo do que as outras crianças que haviam adotado, mas nas ocasiões difíceis, os Clarks sempre confiavam em sua fé, que geralmente se fortalecia ainda mais nesses momentos.

Dan achava que a presente situação seria uma dessas ocasiões. Ele orava em silêncio pela saúde da criança, e ouvia com toda a atenção, enquanto a assistente social fornecia orientações detalhadas de como cuidar da criança especial que estava em seus braços.

Joey sobreviveu àquela semana, e os Clarks criaram uma rotina para cuidar do pobre bebê. Seis meses mais tarde, a despeito de suas deficiências, Joey parecia que iria conseguir viver. Betty procurou saber da assistente social e descobriu que a mãe do menino não se sentia capaz de cuidar de uma criança com deficiências tão graves.

— Vocês podem ficar com ele por mais algum tempo — acrescentou ela. — Estamos tentando colocá-lo num lar ou num orfanato, onde possam cuidar dele em tempo integral.

Betty ficou chocada. — Ele não precisa ir para um orfanato! — disse, ofendida com a idéia. — É um bebê e precisa de amor e de uma família que cuide dele.

A assistente social suspirou. — Sim, eu sei, sra. Clark. Mas as deficiências de Joey são tão graves que ele irá precisar de cuidados especiais durante toda a sua vida. Jamais poderá falar ou andar, ou mesmo se alimentar sozinho.

— Mas, mesmo assim, é uma criança — reagiu Betty. — Ele precisa mais de amor do que de cuidados especiais. Principalmente de um orfanato. Ficaremos como o bebê até vocês encontrarem um lar definitivo para ele.

A assistente social concordou; porém, seis meses depois, ainda não havia encontrado um lar permanente para o garotinho. Dan, Betty e as filhas comemoraram o primeiro aniversário do bebê, e alguns dias depois compreenderam que a assistente social tinha razão. Jamais seria encontrado um lar para a criança onde ela fosse tratada com amor, como se pertencesse realmente à família.

— Acho que não temos outra escolha — disse Dan uma noite.

— O lar dele é exatamente este, não é? — perguntou Betty, com lágrimas nos olhos enquanto sorria, sabendo que o marido se sentia do mesmo modo.

Dan assentiu. — Vamos providenciar isso.

Durante os meses seguintes, os Clarks deram os passos necessários para assumir a custódia legal do menino. Para que pudessem receber assistência financeira do Estado para custear o tratamento médico de Joey, não poderiam adotá-lo. Mas ele podia se tornar seu dependente legal e, aos olhos do Estado, seria seu filho. Quando o processo de adoção chegou ao fim, os Clarks prepararam outra festa de aniversário para Joey e ficaram emocionados ao ver que os olhos dele mostravam sinais de reação.

Passaram-se anos e Joey continuava a mostrar o quanto apreciava a atenção que recebia. Embora não conseguisse se sentar, ficar em pé ou falar, Joey produzia sons e revelava emoções através dos olhos. Quando Joey ainda era muito novo, os Clarks já podiam entender as expressões do menino e sabiam quando ele estava com fome, cansado ou necessitava de atenção extra. Ele precisava ser alimentado através de uma sonda, e nunca seria capaz de cuidar de si mesmo. Mas os Clarks nutriam pela criança um amor fervoroso e protetor que trouxera um profundo significado para a vida deles. Jamais se arrependeram por terem adotado o menino ou reclamaram pelo tempo e pela energia que Joey exigia deles.

— Sei que ele não pode fazer as coisas que as outras crianças são capazes de fazer — dizia Dan, quando as pessoas perguntavam a respeito de Joey. — Mas ele tem as suas habilidades. E quanto mais as demonstra, mais me orgulho dele. Eu o amo muito. Provavelmente, mais do que eu teria amado uma criança sem os problemas que ele enfrenta.

A doença fazia parte da vida de Joey, uma parte que geralmente preocupava seus pais. Pelo fato de ter pouco controle sobre as funções de seus músculos, Joey não tossia como uma criança normal. Por isso, contraiu inúmeras infecções respiratórias, e várias vezes em sua breve vida já fora hospitalizado com pneumonia e com outros problemas que colocavam sua vida em risco.

Era esse o caso no verão de 1990, quando Joey tivera alta, depois de ser hospitalizado devido a uma pneumonia. Mas agora, apesar dos antibióticos, Joey tinha piorado muito e não estava comendo. Finalmente, algumas horas depois da meia-noite, Betty foi despertada pelo som de Joey respirando com dificuldade. Ela correu para o pronto-socorro mais próximo, mas quando chegou lá seu filho quase não respirava. Os médicos haviam tentado colocar uma sonda no estômago do menino para forçar a sua alimentação, mas não a tinham introduzido corretamente e agora, além da infecção, havia comida espalhada pela cavidade superior do tronco. Devido a seu estado de saúde, suas chances de sobreviver a uma cirurgia de emergência eram mínimas.

Depois do nefasto diagnóstico do médico, Betty sabia que tinha apenas uma maneira de encontrar a paz. Descobriu um lugar tranqüilo no canto da sala de espera — que às três horas da madrugada estava completamente vazia — baixou a cabeça e começou a orar.

— Senhor — orou ela em sussurros. — Por favor, ajude o meu filhinho. Eu o amo tanto e sei que ele está apavorado. Por favor, ajude-o a respirar.

Nesse instante, Betty ouviu alguém entrar na sala pela porta aberta. Ergueu os olhos e viu um homem baixo, trajando uma roupa de servente e carregando um esfregão e um balde de água sobre rodas. Alguma coisa no rosto do homem fazia com que ele parecesse incrivelmente bondoso, e Betty fitou-o com curiosidade. Seu uniforme estava amarrotado e ele parecia quase curvado, em seu porte humilde de servente.

— Tenho algo a lhe dizer — falou o homem em voz baixa, olhando diretamente para Betty. — Uma mensagem de Deus.

Betty ficou surpresa pelo que o homem dizia, mas curvou-se para a frente a fim de ouvi-lo melhor, sem sentir nenhum medo dele. Esperou, enquanto o homem se aproximava dela e sorria gentilmente.

— Ele vai ficar bom — disse o homem. — "*Malaquias 4:2.*"

Então, antes que Betty pudesse fazer qualquer das muitas perguntas que lhe vieram à mente, o homem virou as costas e saiu.

Betty levantou-se de imediato e atravessou a sala, dirigindo-se à porta. Parou no corredor, esperando ver o homem alguns metros adiante, mas ele havia sumido. Nenhuma das outras portas do corredor estava aberta. Betty não podia imaginar como ele pudera ter desaparecido tão depressa, principalmente carregando um esfregão e um balde de água.

Esperou um instante, examinando toda a extensão do corredor, na esperança de ver que caminho o homem havia tomado. Mas logo depois ela se voltou e retornou, caminhando devagar, ao lugar onde estava sentada. Como o homem soubera a respeito de Joey? Será que ele soubera que ela estava aguardando notícias sobre se seu filho sobreviveria àquela noite? E o que o versículo da Bíblia que ele citara tinha a ver com a situação? Betty estava confusa ao pensar nas palavras do homem.

Por fim, resolveu procurar o homem e saber por que ele lhe havia dito que tudo iria ficar bem, e quem o mandara falar com ela. Levantou-se e foi para o balcão de recepção da sala de emergência.

— Preciso falar com um dos serventes do hospital — disse ela, sem rodeios. — Ele é baixo, mais ou menos desta altura — com a mão mostrou a altura do homem em pé. — Ele esteve na sala de espera há alguns minutos. Não sei onde se encontra neste momento, mas preciso falar com ele. Poderia chamá-lo?

A recepcionista pegou uma folha de papel com uma relação de nomes e examinou-a detidamente.

— É o que eu pensava — disse ela, confusa.

— O quê?

— Os serventes — disse ela, erguendo os olhos do papel e fitando Betty. — Já foram para casa. Saíram há três horas.

Betty balançou a cabeça. — Deve ser outra pessoa, um faxineiro ou algo semelhante. O homem com quem falei entrou exatamente naquela sala — disse ela, apontando para a sala de espera. — Eu o vi há menos de dez minutos. Ele deve estar em algum lugar daquele corredor.

— Bem, tudo o que eu posso lhe dizer, senhora, é que ele não trabalha neste hospital. Nossos serventes foram para casa. Todos eles assinaram o ponto de saída. Além disso, acho que não temos nenhum servente que se ajuste à descrição que a senhora nos forneceu.

Betty deu um passo para trás e voltou-se, caminhando lentamente para o sofá na sala de espera. Ainda estava tentando compreender quem poderia ser aquele homem, quando o médico de Joey entrou na sala.

— Bem, sra. Clark. Tenho de lhe dizer que ocorreu simplesmente um milagre — disse o médico, abrindo um sorriso. — Com toda a certeza, Joey não estava respirando bem. Na verdade, há dez minutos pensávamos que ele iria morrer. Então, de repente, ele começou a tossir e em poucos minutos estava outra vez respirando normalmente. Não posso explicar o que aconteceu.

— Então ele está bem? — indagou Betty, com os olhos repletos de lágrimas, ao mesmo tempo que se levantava para encontrar o médico.

— Ele ainda está doente, mas o perigo passou.

Joey foi para casa dois dias depois, mas Betty jamais esqueceu quão perto ela e Dan estiveram de perder seu filho naquela madrugada.

O versículo da Bíblia, *Malaquias 4:2*, fala a respeito de reverenciar o nome de Deus para que a cura possa acontecer. Depois disso, ela passou a trazer esse versículo sempre consigo, recitando-o todas as vezes em que ela e Joey se defrontavam com os desafios que surgiam devido ao seu estado de saúde. Mas, apesar de Joey ter ficado muito doente, Betty jamais esqueceu o pequeno homem usando um uniforme de servente que lhe transmitira o que agora ela sabe ter sido uma celestial mensagem de esperança.

— Deus usou aquele homem, quem quer que seja ele, para me assegurar que Joey iria ficar bom. Minhas orações foram ouvidas.

ENCONTRO Nº 20

O Guarda Penitenciário que Desapareceu

John Mark, um rapaz simpático e alegre, de 25 anos de idade, encontrava-se num dilema. Educado num lar de uma família religiosa, sabia que não estava agindo de acordo com sua criação. Recentemente, começara a experimentar drogas e um modo de vida dissoluto, que ameaçava suas chances de voltar a ser o que era. Estava na faculdade, mas não tinha nenhuma idéia do que pretendia fazer da vida. Às vezes, pensava se valia a pena trabalhar com afinco, tendo em vista um futuro incerto.

Era nisso que ele pensava numa noite de 1982, quando dirigia seu carro por uma auto-estrada na Flórida. Por que — dizia para si mesmo — não ceder às pressões à sua volta? Pelo menos as festas que freqüentava — e as drogas que estava usando — lhe proporcionavam alguma satisfação, mesmo que passageira.

Quanto mais Mark pensava nisso, mais se convencia de que devia deixar a faculdade. A vida seria mais simples, algo parecia lhe dizer, se não estivesse tão sobrecarregado de responsabilidades.

— E a última coisa com que eu quero me envolver agora é a igreja — murmurou em voz alta, olhando em frente para a noite escura da Flórida. Essa tinha sido a sugestão de sua mãe, mas ele havia se rebelado contra a idéia desde que a ouvira pela primeira vez. — Isso nunca me ajudou antes — disse a ela. — E não vai me ajudar muito desta vez.

Mark dirigia até que, de repente, divisou o que parecia ser um guarda penitenciário totalmente uniformizado pedindo carona ao lado da estrada. Mark jamais havia dado carona a alguém, mas alguma coisa naquele homem dava a entender que ele estava indo para o trabalho e, realmente, precisava de uma carona. Mark encostou o carro e abaixou o vidro da janela. O homem aproximou-se e olhou para dentro do carro, sorrindo.

— Precisa de uma carona? — perguntou Mark sem estar bem certo se era essa a intenção do guarda.

— Obrigado. Eu tinha esperança de que você parasse — disse ele, medindo cada uma de suas palavras. — O meu carro quebrou ali atrás.

Mark assentiu em sinal de compreensão e abriu a porta do carro. Não tinha visto nenhum carro quebrado ao longo da rodovia, mas o homem parecia bastante sincero. Mark não teve medo de que aquele pedido de carona fosse algum tipo de armadilha para roubá-lo ou fazer-lhe algum mal.

Olhou para o seu passageiro e viu que o homem tinha mais de cinqüenta anos, cabelos grisalhos e usava bigodes. Seus olhos azuis revelavam bondade, e seu rosto parecia cheio de luz. Seu uniforme estava muito bem passado e o homem parecia estranhamente deslocado dentro dele.

— O senhor é guarda penitenciário? — perguntou Mark, acelerando e retomando a viagem pela rodovia.

O homem assentiu. — Acabo de sair do trabalho. A penitenciária estadual fica um pouco afastada da rodovia, num atalho ali atrás.

Havia apenas uma dessas prisões na vizinhança e Mark sabia onde ela ficava.

— Qual é o seu nome?

— Kenneth. Kenneth Hawes. Trabalhei na penitenciária nos últimos dez anos.

Mark ficou calado por alguns instantes. — Tenho uma longa viagem pela frente. Para onde o senhor está indo?

Ele observou que o homem estava bastante calmo e descontraído, considerando-se que estava em companhia de um estranho e num carro desconhecido, depois de o dele ter quebrado.

— Para casa — disse ele calmamente, sorrindo para Mark, como se a sua casa fosse o lugar mais maravilhoso do mundo. — A mais ou menos uma hora daqui. Agora, por que você não me diz o que passa pela sua cabeça?

Mark ficou indeciso sobre o que responder ao homem, mas encolheu os ombros e começou dizendo sua idade e o que estava estudando na faculdade.

— Não — disse o homem tranqüilamente. — Fale-me a respeito das suas dúvidas.

Mark olhou para o homem, imaginando como ele tomara conhecimento dos seus problemas.

— O quê? — perguntou ele.

— Você sabe a que estou me referindo. Você está tentando tomar algumas decisões, não está?

Mark sentiu-se pouco à vontade, como se o homem pudesse, de algum modo, ler-lhe os pensamentos. Mas deu de ombros mais uma vez, convencendo-se de que o homem não teria possibilidade de saber qualquer coisa a respeito de sua vida pessoal. O estranho se sentia sozinho e procurava conversar.

— Sim, eu sei a que o senhor se refere — disse ele. Com um profundo suspiro, Mark decidiu dizer a verdade ao homem. Falou sobre como havia sido criado e como seus pais oravam por ele diariamente.

— Mas agora eu sou diferente. Esse modo de vida faz parte do meu passado — disse Mark, fazendo um sinal com a mão como se quisesse indicar que jamais se envolveria outra vez com uma religião.

— Não — o tom de voz do homem era rápido e firme. Mark olhou para ele, que estava balançando a cabeça. — Isso está mais perto do que você pensa.

— O senhor é um guarda penitenciário. Como sabe disso? —

indagou Mark, subitamente irritado com os comentários do homem sobre um assunto que não lhe dizia respeito.

— Eu sei — disse ele. A resposta do homem não foi dada em tom defensivo ou zangado, mas com uma determinação que desafiava Mark.

— Bem, trata-se do seguinte: existem alguns caminhos que eu poderia trilhar, e estou tomando o que me parece melhor. Esquecer a escola, esquecer a religião. Esquecer tudo.

O homem continuou calado. Fixou o olhar à frente durante vários minutos antes de se voltar para Mark.

— Mark, você sabe que existe apenas um caminho, não sabe?

— Olhe, obrigado por me escutar, mas eu estou cansado de falar. Vou sair desta estrada logo mais adiante. Onde posso deixar o senhor?

O homem sorriu, sem que sua atitude tivesse sido abalada com a rispidez de Mark. Com uma série de orientações, ele levou Mark até um cruzamento, bastante movimentado.

— É bem perto daqui, Mark.

— Escute, posso levá-lo até a sua casa. Verdade. É muito tarde para o senhor ir andando sozinho daqui até lá.

— Daqui posso ver a minha casa — disse ele, balançando a cabeça com firmeza e voltando o rosto diretamente para Mark. — Faça a escolha certa, filho. Agora. Você ainda tem chance de fazê-la, você sabe.

O homem desceu, fechou a porta e acenou uma vez, antes de se afastar caminhando pela rua. Por um momento, Mark quis segui-lo, para passar mais algum tempo conversando com ele e para obter um pouco do conhecimento que ele parecia ter. Mas já era tarde da noite e tinha aula de manhã. Guiou seu carro de volta para a estrada e seguiu em direção ao pedágio.

Durante toda a noite e na manhã seguinte, Mark pensou em tudo o que o homem dissera. Como é que ele sabia de tantas coisas? E por que estaria pedindo carona para casa, uma vez que morava tão longe da prisão? Finalmente, decidiu que precisava falar com o homem mais uma vez. Nessa mesma tarde, telefonou do seu quarto para a penitenciária.

— Gostaria de falar com Kenneth Hawes — disse Mark. — É um guarda penitenciário.

Houve uma pausa do outro lado da linha. — Não creio que ele trabalhe aqui.

Mark franziu as sobrancelhas. — É claro que ele trabalha aí. Estava trabalhando ontem à noite e dei-lhe uma carona para casa. Estava de uniforme e tudo mais.

— Bem, senhor, vou deixá-lo falar com o meu supervisor, mas que eu saiba não existe nenhum guarda penitenciário chamado Kenneth Hawes nesta instituição.

— Muito bem — disse Mark, enquanto sentia crescer a sua frustração. — Deixe-me falar com o seu supervisor.

O supervisor passou dez minutos convencendo Mark de que não havia nem nunca houve um Kenneth Hawes empregado naquela penitenciária. A pedido de Mark, ele também verificou as outras instituições penais do Estado, mas nenhuma delas tinha um funcionário chamado Kenneth Hawes.

Atordoado, Mark desligou o telefone. O homem viajara em sua companhia durante mais de uma hora, aconselhando-o a respeito da vida e tentando orientá-lo na direção correta. Agora tinha desaparecido, quase como se nunca tivesse existido.

Frustrado e querendo contar a história, telefonou para a mãe naquela noite e narrou o que tinha acontecido.

— Às vezes Deus chama a nossa atenção por meios interessantes — disse-lhe a mãe calmamente. — Você já pensou que ele podia ser um anjo?

— Uma anjo? Como nas histórias da Bíblia? — indagou Mark, indeciso.

— Por que não? Deus ainda é Deus, e seus caminhos são tão diferentes hoje em dia como eram nos tempos bíblicos — disse ela.

Durante várias semanas, Mark refletiu sobre essa possibilidade até que, por fim, ficou convencido de que sua mãe tinha razão. Kenneth devia ter sido um anjo enviado para orientá-lo numa época de sua vida, durante a qual tinha importantes decisões a tomar. Que melhor maneira teria Deus para chamar a sua atenção do que com um guarda penitenciário, principalmente tendo em vista as opções que ele vinha fazendo ultimamente?

Quase imediatamente após aquela noite, Mark decidiu não se envolver mais em atividades perniciosas, como usar drogas e madrugar em festas. Em vez disso, no ano seguinte, duplicou seus esforços nos estudos e voltou a freqüentar a igreja. Ao fazer isso, encontrou uma paz e uma confiança que jamais pensou que existissem. Finalmente, Mark formou-se em telecomunicações e passou a trabalhar como repórter de um dos noticiários de uma televisão do sul da Flórida.

Mais de uma década depois, está mais certo do que nunca de que Deus usou um anjo para mudar a sua vida.

ENCONTRO Nº 21

Um Visitante Celestial

O terceiro ataque cardíaco de Russell Johnson aconteceu durante o trabalho. Como chefe do corpo de bombeiros de Wayne, no Estado de Michigan, Russell não precisava usar uniforme nem combater incêndios, principalmente depois dos seus dois recentes ataques cardíacos. Mas naquele dia quente de 1974, ele não pôde resistir. Estava em meio a uma batalha contra um violento incêndio, quando a dor o atingiu.

— Socorro! — gritou tão alto quanto podia, no meio do crepitar das chamas.

Um dos bombeiros que estava próximo o ouviu e chamou outros para ajudá-lo. Juntos, retiraram o chefe do edifício em chamas e os paramédicos o levaram imediatamente ao hospital. Quando o perigo passou, Russell tomou a única decisão que os médicos haviam recomendado, se quisesse continuar vivo: aposentou-se.

Com quatro filhas já criadas, ele e a mulher, Jean, decidiram mudar-se para Punta Gorda, na Flórida, onde compraram uma pequena casa e começaram a vida de aposentados. Embora tivessem muito pouco dinheiro, sentiam-se felizes com as visitas regulares que recebiam das quatro filhas e de suas famílias. Russell também instalou uma oficina na garagem, onde passava horas consertando órgãos de igrejas e fazendo casas de bonecas.

Uma tarde, em novembro de 1985, Russell, então com 65 anos, trabalhava em sua oficina, fazendo minúsculas telhas de madeira para uma casa de bonecas que estava construindo, quando ouviu alguém bater na porta da frente. Momentos depois, Jean entrou na oficina com o rosto mortalmente pálido.

— Há um homem enorme lá fora — disse ela, num tom de voz que era quase um sussurro. — Está vestido em farrapos, e não sei o que fazer. Ele está lá, esperando.

Russell colocou suas ferramentas sobre a bancada e encaminhou-se para dentro de casa. Pelo olho-mágico da porta da frente, pôde ver que a mulher estava certa. O homem tinha possivelmente dois metros e dez centímetros de altura e pesava, no mínimo, 120 quilos. Era uma montanha de homem, sujo e usando roupas esfarrapadas. Ele carregava uma pequena mochila. Russell abriu a porta e sorriu.

— Posso ajudá-lo, senhor?

O homem abaixou os olhos humildemente e pigarreou. — Sim, eu queria saber se o senhor tem algum trabalho que eu possa fazer em troca de comida.

Russell ficou abismado pelo jeito dócil do homem. Enquanto ele e Jean permaneciam olhando para o homem que enchia o espaço de sua porta, notaram que, de repente, não estavam sentindo mais medo dele.

— Bem — disse Russell lentamente. — Não tenho nenhum trabalho para você. Mas na certa posso lhe dar alguma coisa para comer.

O homem olhou para cima e os seus olhos pareciam reluzir com uma nova sensação de esperança. Jean retirou-se e dirigiu-se à cozinha.

— Não sei como poderei agradecer a pessoas tão bondosas como vocês — disse ele. — Sou do Texas, fui despedido do emprego devido à queda do preço do petróleo e pensei que podia arranjar trabalho se viesse para cá.

Russell assentiu com a cabeça em sinal de compreensão. — Você parece muito cansado — disse ele. — Posso oferecer-lhe algo para descansar?

— Sim, de fato estou muito cansado. Passei quase o dia todo caminhando. Gostaria de me sentar.

Russell entrou em casa e voltou trazendo três cadeiras dobráveis. Colocou-as na entrada de carros e sentou-se com o homem lá fora. O enorme homem parecia muito cansado e grato por ter um lugar onde se sentar. Durante alguns minutos, os dois ficaram sentados, mantendo um tranqüilo silêncio.

Enquanto observava o estranho, Russell imaginava que terríveis voltas a vida daquele homem havia dado para levá-lo a ponto de mendigar comida. Ele e Jean não sabiam o que era estar numa situação onde não havia comida na mesa ou um teto sobre suas cabeças. Embora, nos últimos anos, seus rendimentos tivessem se tornado muito limitados, mal podia imaginar como seria terrível não ter uma casa nem a idéia de onde viria a próxima refeição.

No dia anterior, lembrou-se Russell, ele e a mulher tinham ido ao mercado e comprado mantimentos para a semana, gastando todo o dinheiro que tinham até a chegada do próximo cheque da aposentadoria, no final do mês.

Russell tinha a certeza de que Jean compreendera a sua decisão de alimentar o homem. Muito embora tivessem muito pouco, tinham mais do que aquele pobre homem. Russell sentiu-se subitamente dominado pela gratidão. O bom Deus sempre os havia provido de tudo o que necessitavam. Agora estava feliz por ajudar aquele estranho, mesmo que fosse apenas proporcionando-lhe uma refeição.

Jean acabou de preparar um prato de sanduíches e trouxe-o para fora com uma jarra de chá gelado. O homem agradeceu e depois começou a comer avidamente. Deu cabo de quatro sanduíches e vários copos grandes de chá gelado antes de enxugar a boca e levantar-se para ir embora.

— Estava ótimo — disse ele. — Vocês não sabem como estou grato.

— Vou lá dentro embrulhar alguma coisa para o senhor jantar — disse Jean, voltando-se e caminhando em direção à porta da frente. Russell sorriu. Ele e Jean haviam tido o mesmo pensamento, pois ela estava prestes a sugerir a mesma coisa.

Russell voltou-se para o homem.

— O senhor tem algum dinheiro consigo?

— Por quê? Sim, tenho trinta centavos — respondeu o homem, com a voz revelando honestidade.

— Espere um instante — disse Russell. — Voltarei logo.

Entrou em casa e encontrou um dólar na carteira. Depois, começou a procurar num açucareiro que sempre continha alguns trocados, e conseguiu juntar cinco dólares, que levou cuidadosamente lá para fora. Jean já estava junto do homem, entregando a ele um jantar embrulhado. Ela disse o que o pacote continha e desculpou-se por não poder fornecer alguma coisa mais para o dia seguinte. Russell aproximou-se.

— Tome — disse Russell entregando o dinheiro ao homem. — Talvez isso possa ajudá-lo a passar pelo menos um dia mais tranqüilo.

O homem pegou o dinheiro e o colocou com todo o cuidado em sua mochila. Depois ergueu o olhar para Russell e Jean.

— Vocês foram muito bondosos comigo — disse, com os olhos úmidos. — Muito obrigado. — Fez uma pausa por um instante, como se estivesse procurando algo mais para dizer. — Muito obrigado.

Voltou-se e caminhou em direção à calçada. Quando chegou no fim da entrada de carros, virou-se, olhando para o casal, e ergueu a mão no que parecia ser quase uma saudação.

— Deus os abençoe! — disse ele, com a voz cheia de emoção. — E muito obrigado.

Voltou-se, caminhou até a esquina da casa dos Johnsons e virou à direita, passando ao lado da casa e do quintal, em direção à estrada, algumas quadras adiante.

Os Johnsons foram para dentro de casa, abalados pela gratidão demonstrada pelo homem. Tinha sido maravilhoso ajudar alguém que estava muito mais necessitado do que eles jamais tinham estado.

Na verdade, como dizia o pastor da igreja que freqüentavam, aquela doação tinha sido uma verdadeira bênção. Ao entrar em casa, Russell foi imediatamente para o quintal a fim de retomar o trabalho na oficina. Ao fazer isso, curvou-se por cima da cerca, para dar um adeus final ao homem, que então deveria estar passando ao lado do seu quintal.

Mas o homem tinha desaparecido.

Não havia arbustos nem árvores, ou qualquer outro lugar onde alguém pudesse se esconder. Russell calculou o tempo que tinha levado para ir do jardim até o quintal. Sete segundos ou menos, imaginou. Tinham-no visto caminhando pela calçada que margeava o lado direito da casa. Ele estava indo em direção à estrada, o que significava que seria obrigado a passar ao lado do seu quintal para seguir adiante. Mas de algum modo, em apenas alguns segundos, o homem tinha desaparecido. Russell ficou parado no lugar. Como poderia o homem ter desaparecido daquela forma?

— Jean — gritou ele. — Venha cá.

Jean encaminhou-se para o lado de fora. — O que é?

— Aquele homem. Ele não estava andando para cá?

— Sim — Jean apontou para o lado da cerca. — Se você olhar, poderá vê-lo caminhando na direção da estrada.

Russell balançou a cabeça. — Ele se foi, Jean. Não sei para onde.

Jean franziu as sobrancelhas e correu para junto do marido que estava perto da cerca. Ele tinha razão. O homem havia sumido. Durante os quinze minutos seguintes, Jean e Russell percorreram as calçadas que ficavam em frente e além da esquina de sua casa. Finalmente, perguntaram a Joe, que morava do outro lado da rua. Russell costumava dizer que Joe sabia quantos pardais iam e vinham até a vizinhança num determinado dia. Com certeza, ele saberia que caminho o homem tinha tomado.

Os Johnsons encontraram Joe sentado em sua cadeira de balanço, bebericando uma limonada, que era como ele normalmente passava as tardes até anoitecer. Russell descreveu o homem alto que tinha ido à sua casa e seu aspecto selvagem.

— Não o vi de jeito nenhum — afirmou Joe. — Vocês têm certeza de que ele esteve na casa de vocês hoje?

— É claro que temos certeza — disse Russell, apontando para o outro lado da rua, em direção à entrada de carros de sua casa. — Minha mulher preparou um monte de sanduíches. Sentamo-nos ali e ele os comeu.

— É estranho — retrucou Joe. — Passei o dia todo aqui. Não vi ninguém na sua casa. Acho que não posso ajudá-los.

Desalentados pelo que tinha acontecido com o homem e pelo que poderia acontecer a ele com tão pouca comida e quase nenhum dinheiro, Russell e Jean resolveram voltar para casa. Durante vários minutos, os dois ficaram sentados, em silêncio, na sala de estar, cada um pensando no homem que havia almoçado ao lado deles e desaparecera tão rapidamente.

— Existe algo de especial a respeito daquele homem, você não acha? — disse Jean, em voz baixa.

— Algo muito especial. Acho que jamais saberemos quem era ou o que deve ter acontecido com ele. Espero apenas que não tenha sido por causa de alguma coisa a mais que deveríamos ter feito.

Jean ficou calada por alguns instantes. — E se ele fosse um anjo?

Russell sorriu ligeiramente. — Vamos, você não está falando sério, está? Anjos não se vestem daquele jeito.

— Sim — Jean insistiu. — Lembra-se do versículo da Bíblia sobre não deixar de cuidar de estranhos pois assim alguns sem saber cuidaram de anjos? Bem, e se ele fosse um desses estranhos?

Russell ficou pensando durante alguns momentos. Ele e Jean não tinham sido freqüentadores assíduos da igreja nos últimos anos, mas ainda se consideravam crentes fervorosos.

— Penso que isso parece ser possível — disse Russell lentamente. — Então você acha que foi uma espécie de teste ou algo parecido?

— Não sei — respondeu Jean, sorrindo e pegando na mão do marido. Estou pensando no Evangelho, que diz: "O que quer que façais pelo mais humilde de todos, o estareis fazendo a Mim." Talvez seja por isso que nos sentimos tão felizes pelo que aconteceu e pela maneira tão simples como pudemos prestar uma ajuda.

Jean ficou calada por um momento e então continuou: — Talvez o homem não fosse um anjo; talvez fosse apenas um rapaz sem sorte — disse ela. — Mas não posso explicar para onde ele foi, nem você tampouco.

Depois disso, os Johnsons não falaram a ninguém a respeito do estranho homem, de sua humilde gratidão e de seu súbito desaparecimento. Porém, um mês mais tarde, Jean estava abrindo cartões de Natal, quando de repente manteve um estranho silêncio.

— Russell — disse ela em voz alta, nitidamente perturbada pelo cartão que estava segurando. — Alguém deve estar fazendo uma brincadeira com você.

Russell entrou na cozinha. — O que é? — perguntou, levantando-se de onde estava sentado, à mesa de jantar.

— Este cartão — ela ergueu um simples cartão de Natal, para que o marido o visse. — Está assinado: "Com amor, do seu amigo cristão." Não tem o endereço do remetente.

— Deixe-me vê-lo — disse Russell, pegando o cartão.

— Ainda tem mais — disse ela segurando um pedaço de papel. — Isto estava dentro do envelope.

Russell pegou o pedaço de papel e olhou para ele. Era um cheque ao portador em favor dos Johnsons, no valor de quinhentos dólares.

— Jean, isto não é uma brincadeira. Este é um cheque autêntico — disse Russell, de olhos arregalados. — Quem poderia ter feito isto?

Jean balançou a cabeça, sem fala. Não era capaz de imaginar qual dos seus amigos poderia dispor de uma soma de dinheiro tão grande. Mas foi somente no ano seguinte, quando receberam um cartão semelhante, com outro cheque ao portador de quinhentos dólares que lhes ocorreu uma idéia.

— Você acha que pode haver alguma ligação entre estes cartões e o homem a quem ajudamos? — perguntou Jean ao marido.

— Acho que jamais saberemos. Mas, ainda assim, afirmo que me sinto muito melhor por tê-lo ajudado naquele dia do que ao receber este dinheiro pelo correio. Embora ele nos seja muito útil.

Durante os três anos seguintes, os Johnsons receberam um cartão de Natal do seu misterioso amigo cristão acompanhado de um cheque ao portador de quinhentos dólares. Depois disso, os misteriosos cartões deixaram de chegar. Só então eles contaram a história às filhas.

— Tínhamos medo de que elas pensassem que estávamos loucos — diz Russell, que guardou todos os cartões de Natal, os envelopes onde eles vieram e cópias dos cheques. — Esta é uma daquelas histórias nas quais parece ser difícil acreditar. Mas é verdade. Palavra por palavra.

Até agora, Russell e Jean não estão convencidos de que os cartões anônimos e os cheques estejam relacionados com a ajuda que prestaram a um estranho faminto — quem sabe a um anjo — semanas antes do Natal.

— Nunca pensamos em receber algo em troca — afirma Russell. — Não era isso que pretendíamos ao ajudá-lo.

ENCONTRO Nº 22

O Menino e o Ônibus

Em certas ocasiões, o dr. Mike Barns ficava pensando por que havia seguido a carreira médica. As pessoas estavam sempre se queixando de uma doença ou outra, e nenhuma delas entendia que ele era um homem ocupado. Muito ocupado. Do modo como sua rotina de trabalho fora nos últimos anos, ficava imaginando como pudera sobreviver. Houve uma época, há muito tempo, na qual freqüentava a igreja e praticava a religião. Mas as orações e as devoções exigiam tempo — algo precioso que o dr. Barns não possuía mais. E assim ele deixara que aquelas coisas que outrora lhe trouxeram paz e alegria ficassem longe de sua vida quase por completo.

Em termos materiais, o dr. Barns, aos 28 anos de idade, tinha tudo o que alguém poderia desejar: boa aparência, juventude, dinheiro mais do que o suficiente, e uma carreira que o fizera obter o respeito e a admiração dos colegas.

Ele pensava muito pouco a respeito dessas coisas enquanto dirigia velozmente seu BMW por uma estrada de mão dupla no deserto do Arizona, em direção ao lago Tahoe, situado na fronteira entre Nevada e Califórnia. As férias iriam durar menos de uma semana, mas há meses o dr. Barns vinha procurando se livrar de suas estafantes responsabilidades. Ele se limitou a olhar em frente, tentando apenas se afastar, de corpo e alma, da febril atividade a que estava acostumado.

Barns pegou o telefone celular e tentou fazer uma chamada.

Fazia uma hora desde que ele falara com seu substituto no consultório. O dever e uma tendência ao perfeccionismo, mais do que o amor pelos seus pacientes, fazia com que ele se preocupasse constantemente com os recados que lhe eram transmitidos. Discou o número, mas nada aconteceu. Com raiva, bateu o aparelho no volante.

— Vamos — disse ele, com os dentes cerrados.

Discou novamente, e mais uma vez nada aconteceu. — Porcaria de aparelho — murmurou, olhando a imensidão do deserto que o cercava. — Presumia-se que era para o aparelho funcionar em qualquer lugar.

Barns baixou os olhos para o velocímetro e viu que estava trinta quilômetros acima do limite de velocidade.

— Não pode ir mais devagar, pode, Barns? — disse em voz alta, sorrindo asperamente e forçando-se a diminuir a velocidade para desfrutar a solidão da viagem.

Nesse momento, ele viu um pequeno vulto à sua frente, ao lado da estrada. Barns tirou o pé do acelerador e continuou a avançar, examinando a estrada, à frente e atrás, procurando um carro quebrado. Não havia nenhum. Foi se aproximando cada vez mais do vulto, e viu que era um menino vestindo um uniforme de escoteiro e usando um boné vermelho de beisebol. O garoto estava acenando freneticamente, pedindo que ele parasse.

— Oh, irmão! — Barns suspirou, desviando-se para fora da estrada e parando imediatamente. Abaixou o vidro escuro de sua janela. — O que você quer? — perguntou com impaciência.

— Senhor, preciso de uma carona. Com urgência. Por favor... — A voz do menino estava cheia de ansiedade e Barns imaginou que ele ia chorar.

Barns ficou calado por um momento, refletindo sobre a sua programação e sobre seus planos de evitar qualquer contato com pessoas até o fim da semana. Suspirou alto. — Está bem — disse abrindo a porta de passageiros do seu BMW. — Entre.

Parecendo muito preocupado, o menino assentiu rapidamente e entrou no carro. — Vá em frente — disse, demonstrando urgência.

Depois de alguns minutos de silêncio, o menino falou outra vez. — Ali, logo adiante, vire à direita — disse ele.

— É uma estrada de terra — disse Barns, contrariado. — Você sabe o que aquela poeira toda vai fazer com o meu carro, hein?

— Por favor, siga-a, senhor. Ela leva a uma estrada pavimentada. Eu juro — apressou-se ele a dizer.

Barns seguiu a orientação do menino, pegando a estrada de terra até que ela se transformou numa estrada pavimentada que começava a subir a encosta de uma montanha.

— Fica muito longe daqui? — perguntou Barns, olhando para o menino e imaginando quando iria ver o seu carro lavado outra vez. Como tinha já previsto, a estrada de terra fizera com que a brilhante pintura preta ficasse coberta por uma fina camada de poeira marrom.

O menino apontou em direção ao alto. — Faltam apenas mais uns poucos quilômetros montanha acima — disse ele.

Barns suspirou alto e dirigiu em silêncio, em direção ao topo da montanha. Quando se aproximavam do local, Barns começou a ouvir vagamente o som de gemidos agudos. De repente, ficou confuso. — Para onde estamos indo? — perguntou, olhando para o menino e revelando impaciência.

— Prestar socorro — disse o garoto. — Depressa!

Barns dirigiu um pouco mais rápido. Algo em seu frio coração se aqueceu levemente com a atitude do menino e com sua crescente preocupação com os gemidos, que se tornavam mais altos a cada minuto. O menino segurou-lhe a mão. — Pare aqui — disse ele. Então apontou para a margem da estrada que não tinha trilhos de proteção e levava a um íngreme despenhadeiro de mais ou menos cem metros de profundidade.

Barns desceu do carro, e então ouviu os sons nitidamente. Eram crianças, várias delas, gritando por socorro. Imediatamente, correu para a margem da estrada e olhou para baixo. O que viu deixou-o horrorizado. Havia um ônibus escolar amarelo caído precariamente de lado e apoiado sobre uma saliência de rochas, pelo menos sessenta metros abaixo do despenhadeiro. Barns olhou ao redor e correu de volta para o carro, com o menino correndo ao seu lado.

Esquecendo-se de que o telefone não havia funcionado há apenas trinta minutos, Barns pegou o telefone celular e discou o número do serviço de emergência. O aparelho funcionou instantaneamente.

— Rápido, mande ambulâncias e paramédicos — disse ele demonstrando urgência. — Um ônibus despencou no despenhadeiro e está cheio de crianças. Sou médico. Farei o melhor que puder até que vocês cheguem aqui.

Barns deu à telefonista orientações detalhadas do local e desligou o telefone. Apoiou as mãos nos ombros do menino ao seu lado e olhou atentamente nos olhos dele. — Fique aqui — disse. — Vou descer a escarpa para prestar os primeiros socorros.

O menino concordou e ficou observando Barns correr em direção à margem da estrada e desaparecer ao começar a descer a montanha. O despenhadeiro era incrivelmente íngreme, mas Barns conseguia usar as rochas e a vegetação para ajudá-lo a descer até o ônibus destroçado. Havia crianças saindo pelas janelas, gritando por socorro, e a fumaça estava começando a encher o interior do veículo.

— Senhor, ajudai-me neste trabalho — orou em silêncio. E então começou a agir.

Encaminhou-se com todo o cuidado para a frente do ônibus, mas as portas hidráulicas estavam trancadas encostadas a uma pedra solta. Começou a chutar e a empurrar a pedra até que ela finalmente se desprendeu, rolando com estrépito ladeira abaixo. Barns observou a queda e compreendeu que o salvamento deveria ser feito lenta e cuidadosamente se quisesse levar todas as crianças até o alto do despenhadeiro. Um movimento errado e ele e as crianças iriam por certo cair em direção à morte.

Nesse exato momento, ouviu o som distante de sirenes e se sentiu grato. Podia começar a ajudar as crianças a sair do ônibus, mas o esforço iria exigir vários adultos fortes, se quisesse ter sucesso.

Ainda estava tentando abrir as portas do ônibus quando o pessoal da emergência começou a descer a escarpa com cautela.

— Estão todos bem? — gritou um paramédico.

— Não estou bem certo — respondeu Barns. — Na verdade, eles estão desnorteados e o ônibus está começando a se encher de fumaça. Temos de nos apressar.

— O senhor é o médico que telefonou? — perguntou o homem, juntando-se a Barns na porta do ônibus.

— Sou.

— Numa queda como essa é bem provável que haja muitos ferimentos no pescoço e nas costas, ou algo semelhante — disse o paramédico, enquanto outros se juntavam a eles, formando uma corrente humana e levando um grosso cabo da margem da estrada até onde o ônibus se encontrava. Cada criança seria colocada numa cesta que, por sua vez, iria ser amarrada ao cabo para evitar que caísse no despenhadeiro.

— Vamos nos apressar — disse o paramédico.

Barns concordou. — Precisamos nos mover com cuidado. O chão não é muito firme.

As ambulâncias ainda estavam chegando quando Barns e o paramédico finalmente abriram as portas do ônibus e, com todo o cuidado, ergueram e retiraram a criança que estava mais próxima. Barns fez um exame inicial e concluiu que a menininha, por milagre, não sofrera ferimentos no pescoço ou nas costas. A criança foi colocada numa cesta e passada das mãos de um paramédico para outro até ficar em segurança no alto da escarpa. Lá, ela foi colocada numa ambulância onde paramédicos, de imediato, começaram a verificar a extensão de seus ferimentos.

Trabalhando em conjunto, Barns e os paramédicos puderam retirar todas as 25 crianças do ônibus e levá-las em segurança até o alto da escarpa. Com o passar do tempo, Barns se esqueceu por completo do garotinho que estava lá em cima na estrada, e que supunha estar esperando por ele no seu BMW. Barns estava inteiramente absorvido no trabalho de salvamento.

Quando parecia que seus esforços tinham terminado, um dos paramédicos subiu no ônibus para verificar se ainda havia alguém ali. Barns e os outros observavam de perto, esperando pelo sinal de que o ônibus estava vazio. Em vez disso, o paramédico saiu e balançou a cabeça com uma expressão tensa devido ao que tinha visto.

— Mais um — gritou ele. — Precisarei de ajuda.

— Está muito ferido? — perguntou Barns, movendo-se em direção ao ônibus.

O paramédico balançou a cabeça, baixando os olhos para o chão. — Ele não sobreviveu — disse. — É isso, não sobreviveu.

Barns abaixou a cabeça, sentindo o ardor das lágrimas nos olhos. Até então, desde que se tornara médico, nunca entendera totalmente o dom que tinha para ajudar as pessoas a se recuperar de doenças e ferimentos. Durante as últimas quatro horas, salvando uma criança em prantos após outra, o coração de Barns tinha mudado por completo. Ele sentia apenas uma grande sensação de perda, depois de saber que uma das crianças não havia sobrevivido.

Moveu-se com todo o cuidado em direção ao ônibus. — Eu vou ajudar — disse ele. Uma vez lá dentro, seguiu de perto o paramédico, passando por cima dos bancos até chegar à traseira do veículo.

— Lá está ele — disse o paramédico, apontando para um cantinho perto da porta de emergência do ônibus que estava bloqueada pela encosta do desfiladeiro.

— Parece que está com o pescoço quebrado — disse o paramédico em voz baixa.

Barns adiantou-se e deu uma olhada para o corpo flácido do garotinho que havia morrido no acidente.

— Não! — disse ele. — Não pode ser! — Sua voz era um murmúrio cheio de espanto, enquanto tentava se apoiar a um dos bancos. Seu rosto começou a ficar pálido enquanto o paramédico o olhava, sem compreender. Afinal de contas, o homem era um médico e o paramédico não esperava que ele reagisse tão intensamente à vista de um corpo de criança. Com certeza, aquele médico já tinha visto pessoas mortas.

— O senhor está bem? — perguntou o paramédico. — Posso chamar outra pessoa, se isso é muito difícil para o senhor.

Barns balançou a cabeça violentamente. — É *impossível*! — disse, e o paramédico imaginou que talvez ele estivesse em estado de choque por causa do trauma do longo salvamento. — É ele!

— O senhor conhece este menino? — indagou o paramédico enquanto se voltava a fim de olhar para a criança.

— É o menino que me trouxe até aqui — disse Barns.

O paramédico franziu as sobrancelhas, confuso. — Acho que o senhor precisa de ar fresco, doutor — disse ele. Mas Barns balançou a cabeça.

— Estou bem — disse. — Vamos. Vamos trabalhar.

Barns sabia que era impossível. Mas o pequenino corpo inanimado diante dele era do mesmo menino que tinha visto em pé ao lado da estrada, o mesmo menino que o orientara para subir a encosta. Ele usava um uniforme de escoteiro e um boné vermelho de beisebol. Barns tinha a certeza de que era o mesmo menino.

O paramédico observou a reação de Barns com curiosidade e encolheu os ombros. — Está bem. Precisamos levá-lo para o alto da escarpa.

Os homens trabalharam juntos para retirar o corpo do menino do ônibus e levá-lo para cima. Enquanto trabalhavam, Barns imaginava que podia estar errado. Talvez fossem irmãos gêmeos. Tinha de haver alguma explicação. Quando chegaram à estrada, Barns colocou o corpo da criança no chão e correu, cruzando a estrada, em direção ao seu carro. Ele havia dito ao menino que ficasse ali até que ele voltasse. Mas, quando se aproximou e abriu a porta do carro, viu que o menino havia desaparecido.

— Ei, gritou, correndo em direção ao chefe dos bombeiros que tinha supervisionado toda a operação da estrada. — Um menino me mostrou o local do acidente. Eu disse a ele que esperasse por mim naquele carro ali. Cabelos loiros, olhos azuis, um boné vermelho de beisebol, trajando um uniforme de escoteiro. Você viu para onde ele foi?

O chefe balançou a cabeça, demonstrando curiosidade. — Não havia ninguém por aqui, além de nós — disse ele. — Quando chegamos, examinamos aquele carro, procurando quem telefonou. Ele estava vazio. Não havia absolutamente ninguém aqui em cima.

Barns não acreditava. Afastou-se para um lugar na estrada onde pudesse ficar sozinho. Sentou-se no chão e abaixou a cabeça entre as mãos. Rememorou os incidentes das últimas duas horas: definitivamente, o menino era real. Ele tinha acenado para ele e o guiara até o ônibus. Barns sabia que jamais teria descoberto o local do acidente se não tivesse encontrado o menino e não tivesse dado ouvidos à paciente insistência para que dirigisse até o alto da montanha.

De súbito, começou a pensar em toda a situação. Até então ele não havia considerado detalhes obviamente estranhos que envolviam o aparecimento do menino ao lado da estrada. Como o garoto caminhara mais de oito quilômetros montanha abaixo e fora sozinho para a estrada? Se ele estivesse no ônibus, como teria escapado sem ajuda? E como tinha desaparecido de repente, momentos depois de Barns ter feito o telefonema de emergência? E o principal: quem poderia explicar o minúsculo corpo ali coberto, que haviam trazido para o alto da escarpa? Ele parecia idêntico à criança que o levara à cena do acidente.

Nesse instante, calafrios percorreram a espinha do dr. Barns. Em seguida, ele mergulhou numa sensação de paz e compreendeu imediatamente o que se passara. Seria possível? Seria o menino um anjo, que assumira a imagem do garotinho que tinha morrido no acidente? Barns fechou os olhos e começou a chorar. Talvez Deus esperasse ensinar-lhe, naquele momento, algum tipo de lição. Na verdade, Barns sabia que, com tudo o que tinha acontecido, jamais seria de novo o homem insensível no qual havia se transformado. A vida de uma pessoa era tão tênue, tão breve. Porém Barns sabia que até então tinha sido incapaz de ver o valor das pessoas por trás de seus pacientes.

— Nunca mais — lamentava-se Barns em voz baixa, balançando a cabeça desgostoso com a cegueira que o atacara nos últimos anos. — Obrigado, meu Deus! O que quer que tenha acontecido aqui, quem quer que fosse aquele garotinho, muito obrigado!

— O senhor está bem? — indagou um dos paramédicos ao aproximar-se dele.

Barns assentiu, enxugando as lágrimas e levantando-se.

— Preciso ver aquele menino mais uma vez — disse, passando pelos paramédicos em direção ao corpo coberto que estava alguns metros adiante. Lentamente, removeu o impermeável que cobria o rosto, do garoto, sentindo a mesma onda de choque. Não havia dúvida. Era o mesmo garoto. Barns inclinou-se e passou a mão suavemente por uma mecha do cabelo loiro da criança, abaixo do boné de beisebol.

— Adeus, garotinho — murmurou ele, com novas lágrimas inundando-lhe os olhos. — Quem quer que você seja, muito obrigado!

Você já teve um encontro com um anjo?

Se você quiser contar uma história sobre um encontro com um anjo — um incidente inusitado envolvendo alguém que parecia ser uma pessoa real até ter desaparecido, ou uma pessoa que, depois de várias pesquisas, comprovou-se que realmente nunca existiu —, eu gostaria muito de tomar conhecimento dessa história por seu intermédio. Sua história poderá ser usada num próximo livro a respeito de encontros com anjos.

Por favor, escreva um relato resumido de sua experiência mencionando seu nome, endereço, número do telefone e outros detalhes pertinentes ao encontro. Se preferir manter em sigilo o seu nome verdadeiro ou não quiser vê-lo impresso, por favor mencione isso em sua carta. A autora não pode garantir que sua história será publicada, mas, seja como for, agradecemos a sua contribuição.

Envie sua correspondência para:

Kelsey Tyler
P.O. Box 264
Clarkdale, Arizona 86324-9998 — USA

ANJOS, MENSAGEIROS DA LUZ

Terry Lynn Taylor

Os anjos, mensageiros da Divina Providência, estão sempre dispostos a ajudá-lo na criação do céu em sua vida; eles são o elo perdido da corrente de auto-ajuda e do processo de autodesenvolvimento e autoconfiança da humanidade.

Anjos, Mensageiros da Luz é um livro cujo propósito é expandir a sua consciência com relação aos anjos; é sobre conhecer e notar o comportamento dos anjos para que você possa incorporar a ajuda angélica na sua vida cotidiana.

Leia este livro como um guia para a descoberta do reino dos Anjos. Descubra maneiras de criar a consciência angélica e de atrair os anjos para a sua vida. Se o fizer, eles irão partilhar com você segredos que lhe ensinarão como driblar os inconvenientes causados pela tensão da vida moderna, pelo envelhecimento e pela gravidade.

EDITORA PENSAMENTO

INSPIRAÇÕES ANGÉLICAS

Juliet Jaffray Hubbs
Nora Monaco

Os anjos estão aí, dispostos a nos ajudar. Basta invocá-los e ouvir o que eles têm a nos dizer.

As cartas que acompanham o livro *Inspirações Angélicas* são instrumentos que nos permitem entrar em contato com esses seres, deixando que a centelha da verdade que irradiam ilumine nossas vidas.

O símbolo contido em cada carta ajuda-nos a estabelecer uma conexão com a Grande Unidade Cósmica, construindo uma ponte para uma maior percepção e compreensão de nós mesmos. Tudo o que temos de fazer é dar o primeiro passo rumo à LUZ.

O livro de Juliet Jaffray Hubbs e Nora Monaco oferece-nos a oportunidade de usar estas cartas como um meio de nos ajudar a superar tudo o que nos perturba, restabelecendo nosso equilíbrio e pondo-nos em sintonia com o ritmo do Universo.

As possibilidades que as cartas nos oferecem são ilimitadas, pois cada um de nós tem uma impressão particular a respeito dos anjos e do seu mundo. Trata-se de uma experiência que vale a pena. Não podemos deixar de cooperar e de trabalhar com a Hierarquia Angélica, pois isso faz parte da nossa missão na Terra.

Junte-se você também aos anjos e seja muito mais feliz e criativo. Continue sempre tentando alcançar as estrelas!

EDITORA PENSAMENTO

16

Outras obras de interesse:

PERGUNTE AO SEU ANJO - Um guia prático para lidar com os mensageiros do céu e fortalecer e enriquecer a sua vida
Alma Daniel, Timothy Wyllie e *Andrew Ramer*

O PROTETOR INVISÍVEL - O guia que nos ajuda nos momentos difíceis da vida
Amadeus Voldben

REDESCOBRINDO OS ANJOS e os Habitantes Alados da Eternidade
Flower A. Newhouse

A HIERARQUIA ANGÉLICA E O KARMA PLANETÁRIO - O próximo passo para entender a presença dos anjos em nossa vida
Robert J. Grant

O REINO DOS DEUSES
Geoffrey Hodson

OS ANJOS - GUARDIÃES DA ESPERANÇA
Terry Lynn Taylor

OS ANJOS - Inspiradores da criatividade
Terry Lynn Taylor

OS ANJOS RESPONDEM - Um livro de mensagens angélicas
Terry Lynn Taylor

OS ANJOS - Espíritos protetores
Penny McLean

CONTATOS COM O ANJO DA GUARDA
Penny McLean

NOSSOS GUIAS ESPIRITUAIS
Penny McLean

OS ANJOS QUE REGEM A NOSSA VIDA
John Randolph Price

A COMUNICAÇÃO COM OS ANJOS E OS DEVAS
Dorothy MacLean

HARMONIZE-SE COM O SEU ANJO DA GUARDA
Anita Godoy

MEDITANDO COM OS ANJOS
Texto: *Sônia Café*
Ilustrações: *Neide Innecco*

NA PRESENÇA DOS ANJOS - Histórias reais de pessoas que tiveram contato com seus Anjos da Guarda
Robert C. Smith